AF217294

POCKET TEACHER ABI

Chemie

6., überarbeitete Auflage

Manfred Kuballa
Joachim Kranz

Dudenverlag
Berlin

Redaktionelle Leitung: David Harvie
Redaktion: Dr. Angelika Fallert-Müller
Herstellung: Ditte Hoffmann
Umschlaggestaltung: 2issue, München
Layout/technische Umsetzung: LemmeDESIGN, Berlin
Grafiken: Lennart Fischer, Manfred Kuballa

www.duden.de
www.cornelsen.de

6. Auflage, 1. Druck 2023
© 2023 Cornelsen Verlag GmbH, Berlin

Druck und Bindung: H. Heenemann, Berlin

Printed in Germany

ISBN 978-3-411-77123-3

PEFC zertifiziert
Dieses Produkt stammt aus nachhaltig bewirtschafteten Wäldern und kontrollierten Quellen.

www.pefc.de

PEFC/04-31-1156

Inhalt

1

Vorwort

Liebe Leserin, lieber Leser!

Der Pocket Teacher Abi Chemie ist der ideale Wegbegleiter durch die gesamte Oberstufe bis zum Abitur. Er hilft nicht nur beim Endspurt vor der Abschlussprüfung, sondern ebenso gut bei der Vorbereitung auf Klausuren und Tests. In kompakter Form werden die Zusammenhänge hier übersichtlich und anschaulich erklärt. Dazu tragen auch die zahlreichen Grafiken und Beispiele bei.

Gewünschte Infos können am schnellsten über das Stichwortverzeichnis am Ende des Bandes gefunden werden. Am besten ins Inhaltsverzeichnis schauen und im entsprechenden Kapitel nach dem Begriff suchen! Stichwörter sind hier durch Fettdruck hervorgehoben. Farbige Pfeile ▶ verweisen auf andere Stellen im Buch bzw. auf das Internet.

> Diese Rubrik kennzeichnet Definitionen/Merkwissen (▶ S. 8).

- ◆ Aufzählungen zu einem Thema sind meist durch kleine farbige Quadrate übersichtlich gegliedert (▶ S. 11).

Viel Erfolg bei den Prüfungen zum Abitur!

1 Energetik chemischer Reaktionen

1.1 Energieumsatz chemischer Reaktionen

Praktisch alle chemischen Reaktionen sind mit einem Energieumsatz verbunden, meist in Form von Wärmeabgabe oder Wärmeaufnahme. Wird dabei Energie *freigesetzt*, handelt es sich um eine **exotherme Reaktion**, wird Energie *aufgenommen*, handelt es sich um eine **endotherme Reaktion**.

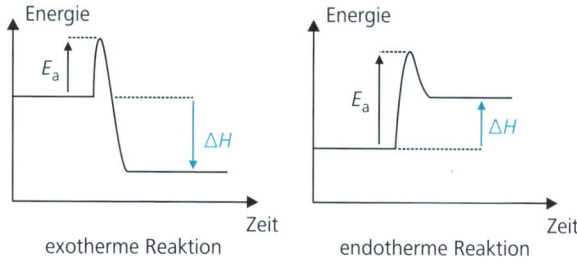

exotherme Reaktion   endotherme Reaktion

BEISPIEL Magnesium reagiert mit Sauerstoff zu Magnesiumoxid. Dabei wird Energie in Form von Wärme und Licht *freigesetzt*:

$2\,Mg + O_2 \rightarrow 2\,MgO + Energie$.

Stickstoff reagiert mit Sauerstoff nur dann zu Stickstoffmonooxid, wenn ständig Energie *zugeführt* wird:

$N_2 + O_2 + Energie \rightarrow 2\,NO$

Die meisten Reaktionen erfolgen erst nach einer Aktivierung der Reaktionspartner. Die dazu erforderliche *Aktivierungsenergie* E_a wird normalerweise durch Erwärmen aufgebracht.

Bildungsenthalpie von Verbindungen

Die Energie, die bei der Bildung von Verbindungen aus ihren Elementen umgesetzt wird, bezeichnet man als *Bildungsenthalpie* ΔH_B. Die Bildungsenthalpie ist *temperatur-* und *druckabhängig*.

> Wird bei der Reaktion Energie freigesetzt, gilt $\Delta H_B < 0$,
> wird bei der Reaktion Energie aufgenommen, gilt $\Delta H_B > 0$.

BEISPIEL   Bei einer Temperatur $T = 298,16\,K$ und einem Druck $p = 1013\,hPa$ beträgt die Bildungsenthalpie von Magnesiumoxid $\Delta H_B = -601\,kJ/mol$, d. h., bei der Bildung von 1 Mol Magnesiumoxid aus den Elementen werden bei diesen Bedingungen 601 kJ freigesetzt.

Die Bildungsenthalpie von Stickstoffmonooxid beträgt bei den genannten Bedingungen $\Delta H_B = +90\,kJ/mol$, d. h., für die Bildung von 1 Mol Stickstoffmonooxid aus den Elementen werden 90 kJ aufgenommen.

> Die Temperatur $T = 298,16\,K$ und den Druck $p = 1013\,hPa$ bezeichnet man als *Standardbedingungen*, die entsprechende Bildungsenthalpie als *Standardbildungsenthalpie* ΔH_B°.

BEACHTE   Standardbedingungen sind nicht zu verwechseln mit den sogenannten *Normalbedingungen:* $T_n = 273,16\,K$ ($= 0\,°C$) und $p_n = 1013\,hPa$.

Bildungsenthalpie von Elementen

Elemente bestehen aus Atomen gleicher Sorte, die je nach Aggregatzustand und Elementart unterschiedlich miteinander verbunden sind.

Die Bildung von Molekülen bzw. Ionen aus Einzelatomen (▶ Bindungsenergie, s. Internet), von Festkörpergittern aus Ionen bzw. Molekülen (▶ Gitterenergie, S. 12) ist ebenfalls mit einem Energieumsatz verbunden. Schon die Bildung eines Atoms aus Protonen, Neutronen und Elektronen lässt sich nicht ohne einen Energieumsatz vorstellen.

Die Einbeziehung aller dieser Energien in die Bildungsenthalpie eines Elements ist sehr kompliziert und praktisch nicht durchführbar. Daher wurde folgende Festlegung getroffen:

> Die Bildungsenthalpie von Elementen wird bei Standardbedingungen, d. h. bei $T = 298,16\,K$ und $p = 1013\,hPa$, auf einen Betrag von $\Delta H_B^\circ = 0\,kJ/mol$ festgelegt. Diese Festlegung bezieht sich auf den jeweils *energieärmsten* Zustand des Elements bei Standardbedingungen.

BEISPIEL   Die Standardbildungsenthalpie von Brom beträgt für den *flüssigen* Zustand definitionsgemäß $\Delta H_B^\circ = 0\,kJ/mol$, für den *gasförmigen* Zustand jedoch $\Delta H_B^\circ = +31\,kJ/mol$, da für das Verdampfen (Übergang vom flüssigen zum gasförmigen Zustand) Energie *zugeführt* werden muss.

Reaktionsenthalpie

Die bei einer chemischen Reaktion umgesetzte Energie bezeichnet man als
Reaktionsenthalpie ΔH_R.
Der Betrag für diese Energie lässt sich leicht ermitteln, wenn man die Bildungsenthalpien ΔH_B der jeweils beteiligten Stoffe kennt. Er entspricht der
Differenz aus der Bildungsenergie der Reaktions*produkte* und der Bildungsenergie der Reaktions*edukte:*

$$\Delta H_R = \sum \Delta H_{B,\ Produkte} - \sum \Delta H_{B,\ Edukte}$$

Man addiert also die Bildungsenthalpien der Produkte und subtrahiert davon
die Summe der Bildungsenthalpien der Edukte. Die Bildungsenthalpien verschiedener Stoffe sind einschlägigen Tabellen zu entnehmen (▶ Internet).

BEISPIEL   Gasförmiger Chlorwasserstoff und gasförmiges Ammoniak reagieren bei Standardbedingungen zu festem Ammoniumchlorid:

Reaktion $HCl\,(g) + NH_3\,(g) \rightarrow NH_4Cl\,(s)$

$\Delta H_B/kJ \cdot mol^{-1}$ $-92,3$ $-46,2$ $-315,4$

$\Delta H_R = -315,4\,kJ/mol - (-92,3\,kJ/mol - 46,2\,kJ/mol)$

$\Delta H_R = -176,9\,kJ/mol$

Das negative Vorzeichen bedeutet, dass die Reaktion exotherm verläuft.

BEACHTE   Zur eindeutigen Kennzeichnung der an einer Reaktion beteiligten Stoffe ergänzt man ihre Formeln durch Klammern mit dem jeweils
vorliegenden Aggregatzustand:
(*s*) für fest, (*l*) für flüssig und (*g*) für gasförmig.

Viele Reaktionen sind unter bestimmten Bedingungen umkehrbar. Dabei
erfolgt derselbe Energieumsatz, jedoch mit *umgekehrtem* Vorzeichen: Die
Umkehrung einer exothermen Reaktion ist *endotherm,* die einer endothermen Reaktion *exotherm.*

BEISPIEL   Ammoniumchlorid zersetzt sich beim Erhitzen zu Chlorwasserstoff und Ammoniak.
$NH_4Cl\,(s) \rightarrow HCl\,(g) + NH_3\,(g)$
Dieser Vorgang ist endotherm, die Reaktionsenthalpie beträgt demzufolge
$+176,9\,kJ/mol$.

Reaktionsenthalpie von Folgereaktionen

Häufig gibt es Reaktionen, deren Energieumsatz sich experimentell nur sehr schwer oder gar nicht ermitteln lässt. Über einen Umweg kann das Problem jedoch gelöst werden:

♦ Die gesuchte Reaktion wird in eine Reihe von Folgereaktionen *aufgeteilt*, deren Reaktionsenthalpien bekannt sind.

♦ Die gesuchte Reaktion ist ein Teil von Folgereaktionen, deren *Summe* eine experimentell bestimmbare Reaktionsenthalpie besitzt.

BEISPIEL Kohlenstoff und Kohlenstoffmonooxid verbrennen in Gegenwart von Sauerstoff zu Kohlenstoffdioxid, die vollständige Oxidation von Kohlenstoff zu Kohlenstoffmonooxid ist dagegen auf direktem Wege nicht möglich. Sie lässt sich jedoch als Teil von zwei Folgereaktionen darstellen.

$$C + \frac{1}{2}O_2 \rightarrow CO \qquad \Delta H_1 = ?$$

$$CO + \frac{1}{2}O_2 \rightarrow CO_2 \qquad \Delta H_2 = -283\,\text{kJ/mol}$$

Experimentell zugänglich ist:

$$C + O_2 \rightarrow CO_2$$
$$\Delta H_3 = -393{,}5\,\text{kJ/mol}$$

Die entsprechende Reaktionsenthalpie ergibt sich als Summe der Reaktionsenthalpien für die Teilreaktionen:

$$\Delta H_3 = \Delta H_1 + \Delta H_2$$
$$\Delta H_1 = \Delta H_3 - \Delta H_2$$

$$\Delta H_1 = -393{,}5\,\text{kJ/mol} - (-283{,}0\,\text{kJ/mol}) = -110{,}5\,\text{kJ/mol}$$

> Lässt sich eine chemische Reaktion als Summe von Teilreaktionen darstellen, so ergibt sich die betreffende Reaktionsenthalpie als *Summe* der Reaktionsenthalpien für die Teilreaktionen. Diesen Sachverhalt bezeichnet man als *Satz von* Hess (bzw. als hessschen Satz).

1.2 Energieumsatz beim Kristallisieren und Lösen

Im festen Aggregatzustand bilden Stoffe im Allgemeinen ein Festkörpergitter, in dem die miteinander verbundenen Teilchen regelmäßig angeordnet sind. Der Zusammenhalt zwischen den Teilchen wird bei *Ionen* durch *Coulomb-Kräfte*, bei *Molekülen* durch *Van-der-Waals-Kräfte* bewirkt (▶ s. Internet).

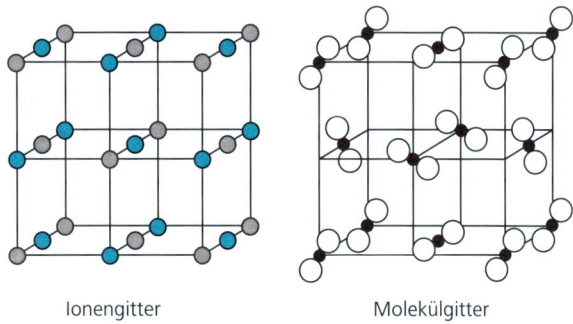

Ionengitter   Molekülgitter

Energieinhalt kristalliner Stoffe

Die Bildung eines Festkörpergitters aus seinen Bestandteilen ist ein *exothermer* Vorgang.

> Die Energie, die bei der Bildung eines Festkörpergitters aus seinen Bestandteilen freigesetzt wird, bezeichnet man als **Gitterenergie**.

Die Gitterenergie eines Stoffs kann *nicht* direkt bestimmt werden. Der sogenannte **Born-Haber-Kreisprozess** ermöglicht jedoch eine Lösung des Problems über einen Umweg, der eine besondere Anwendung des hessschen Satzes (▶ S. 11) darstellt.

BEISPIEL Die Gitterenergie von Natriumchlorid (Kochsalz) beträgt −788 kJ/mol. Um also 1 mol Kochsalz in Natrium-Ionen und Chlorid-Ionen aufzuspalten, benötigt man daher eine Energie von 788 kJ.

Dieser Energiebetrag lässt sich aus mehreren Teilreaktionen ermitteln, die experimentell zugänglich sind:

$Na\,(s) \rightarrow Na\,(g)$ $\Delta H_S = +108$ kJ/mol *Sublimationsenthalpie*

$Na\,(g) \rightarrow Na^+ + e^-$ $\Delta H_I = +496$ kJ/mol *Ionisierungsenthalpie*

$\frac{1}{2}\,Cl_2\,(g) \rightarrow Cl\,(g)$ $\Delta H_D = +121$ kJ/mol *Dissoziationsenthalpie*

$Cl\,(g) + e^- \rightarrow Cl^-$ $\Delta H_E = -348$ kJ/mol *Elektronenaffinität*

Der gesamte Energieumsatz für die Reaktionen von 1 mol festem Natrium zu Natrium-Ionen und $\frac{1}{2}$ mol gasförmigem Chlor zu Chlorid-Ionen ergibt sich aus der Summe dieser Einzelenergien:

$\Delta H_1 = +108$ KJ/mol $+ 496$ kJ/mol $+ 121$ kJ/mol $- 348$ kJ/mol $= \textbf{377 kJ/mol}$.

Diese Reaktionen sind also insgesamt *endotherm*. Die Bildung von 1 mol festem Kochsalz aus 1 mol festem Natrium und $\frac{1}{2}$ mol gasförmigem Chlor ist jedoch *exotherm* mit einer Reaktionsenthalpie von $\Delta H_R = -411\,\text{kJ/mol}$.

Der Grund liegt darin, dass die Bildung von festem Kochsalz aus den Ionen mit einer Abgabe von Energie verbunden ist. Diese Energie ist die **Gitterenergie**.

Diese Gitterenergie ergibt sich daher als *Differenz* aus der Reaktionsenthalpie und der Summe der Ionisationsenthalpien:

$$\Delta H_G = \Delta H_R - \Delta H_1 = -411\,\text{kJ/mol} - 377\,\text{kJ/mol} = -788\,\text{kJ/mol}.$$

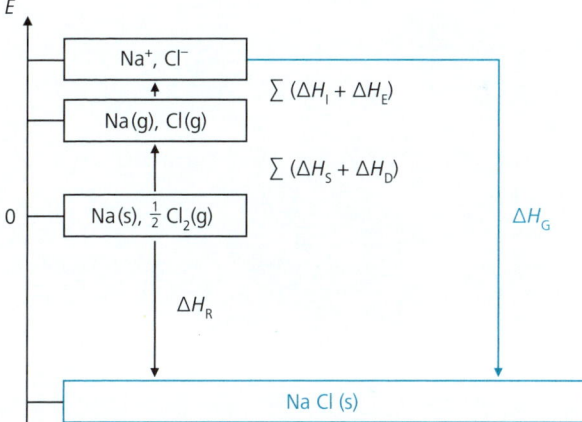

Lösungswärmen

Das Auflösen von Feststoffen in einem Lösemittel oder das Lösen von miteinander mischbaren Flüssigkeiten ist stets mit einem Energieumsatz verbunden.

Der Lösungsvorgang kann je nach Stoffwahl mit einer Erwärmung (Energieabgabe) oder mit einer Abkühlung (Energieaufnahme) verbunden sein.

Die bei einem Lösevorgang umgesetzte Energie bezeichnet man als *Lösungsenthalpie*.

Beim Auflösen eines kristallinen Festkörpers in einem Lösemittel muss zunächst die Anziehung zwischen den Ionen bzw. Molekülen – die *Gitterenergie* – überwunden werden.

MERKE

Das Auflösen eines Festkörpergitters ist immer ein *endothermer* Vorgang.

Die Ionen eines Kristallgitters umgeben sich beim Lösen in Wasser mit einer Hülle von Wassermolekülen. Diesen Vorgang bezeichnet man als **Hydratation.** Auch dieser Vorgang ist mit einem Energieumsatz verbunden.

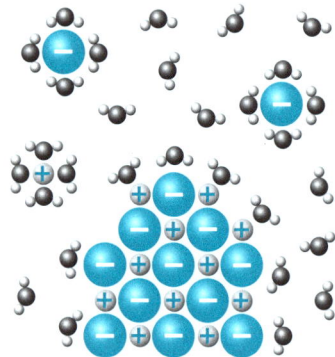

Die Energie, die bei der Hydratation von Ionen umgesetzt wird, bezeichnet man als **Hydratationsenthalpie.**

MERKE

Die Hydratation von Ionen ist immer ein *exothermer* Vorgang.

Die Lösungsenthalpie eines Stoffes ergibt sich als Summe aus der Gitterenergie des ionischen Stoffes und der Hydratationsenthalpien der in Lösung gegangenen Ionen:

$$\Delta H_L = -\, \Delta H_G + \sum \Delta H_{Hydr.}$$

Je nachdem, ob die Gitterenergie des Stoffs oder die Hydratationsenthalpien der Ionen überwiegen, kühlt sich das Gemisch beim Lösevorgang ab oder es erwärmt sich.

BEISPIEL Kaliumchlorid und Calciumchlorid haben folgende Gitterenergien:

KCl $\quad \Delta H_G = -711\,kJ/mol$,
$CaCl_2 \quad \Delta H_G = -2\,198\,kJ/mol$.

Die beteiligten Ionen haben folgende Hydratationsenthalpien:

$K^+ \quad \Delta H_{Hydr.} = -338{,}9\,kJ/mol$,
$Ca^{2+} \quad \Delta H_{Hydr.} = -1615\,kJ/mol$,
$Cl^- \quad \Delta H_{Hydr.} = -351{,}5\,kJ/mol$.

Die Lösungsenthalpie für Kaliumchlorid beträgt daher

$\Delta H_L = +711\,kJ/mol + (-338{,}9\,kJ/mol - 351{,}5\,kJ/mol)$
$= +711\,kJ/mol - 690{,}4\,kJ/mol = \mathbf{+20{,}6\,kJ/mol}$

Die Lösungsenthalpie für Calciumchlorid beträgt hingegen

$\Delta H_L = +2\,198\,kJ/mol + (-1615\,kJ/mol - 2 \cdot 351{,}5\,kJ/mol)$
$= +2\,198\,kJ/mol - 2\,318\,kJ/mol = \mathbf{-120\,kJ/mol}$

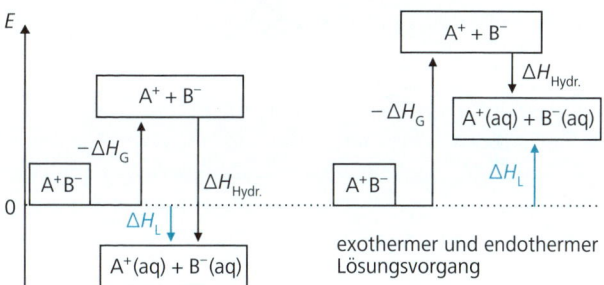

exothermer und endothermer
Lösungsvorgang

1.3 Triebkraft chemischer Reaktionen

Die Erfahrung zeigt, dass jedes System von Körpern bzw. Stoffen stets einen Zustand möglichst geringer Energie anstrebt. Man bezeichnet diese Tendenz als *Energieminimierung*.

BEISPIEL   Bringt man flüssiges Wasser bei winterlichem Frost ins Freie, wird es unter Energieabgabe zu festem Eis, weil es bei Temperaturen unterhalb von 0 °C einen geringeren Energieinhalt hat als flüssiges Wasser.

Eine weitere Erfahrung zeigt weiterhin, dass die Energie das Bestreben hat, sich zu verteilen. Man bezeichnet diese Tendenz als *Energiedissipation.*

BEISPIEL   Bringt man eine Schüssel mit heißem Wasser in einen Raum von 20 °C, gibt das Wasser so lange Wärme an den Raum ab, bis beide dieselbe Temperatur erreicht haben. Die Wärme hat sich also gleichmäßig im Raum verteilt.

Entropiebegriff

Die Tendenz zur Verteilung ist nicht nur eine Eigenschaft von Energie; auch Stoffe neigen dazu.

BEISPIEL   Gibt man einige Tropfen Brom auf den Boden eines mit Luft gefüllten Standzylinders, so vermischt sich der entstehende Bromdampf von selbst mit der Luft, bis er gleichmäßig im Zylinder verteilt ist.

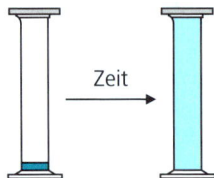

Beim Gemisch Brom/Luft erfolgt ein Übergang von einem System, in dem die Teilchen der beiden Stoffe *geordnet* voneinander getrennt sind, zu einem System, in dem die Teilchen beider Stoffe *ungeordnet* miteinander vermischt sind.

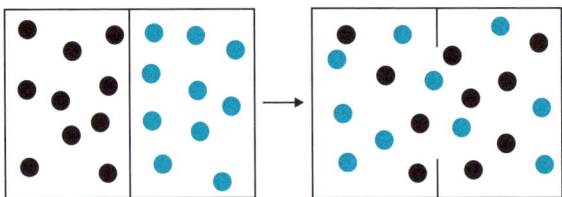

Ein Maß für die Ordnung eines Systems ist die *Entropie S*. Je geringer die Ordnung, desto größer die Entropie.

BEISPIEL In einem Festkörper sind die Teilchen in einem Gitter regelmäßig angeordnet. Beim Schmelzen geht dieser geordnete Zustand in den ungeordneten Zustand der Flüssigkeit über: Die Entropie des Stoffes *nimmt zu.*

Entropie von Elementen und Verbindungen

Man geht davon aus, dass die Atome der Elemente und Verbindungen am absoluten Nullpunkt (d. h. bei 0 K bzw. – 273,16 °C) in einem absolut geordneten Zustand sind.

Die molare Entropie von Stoffen am absoluten Nullpunkt beträgt $S = 0\,\text{J/mol} \cdot \text{K}$.

Mit steigender Temperatur nimmt die Ordnung in der Teilchenstruktur der Elemente laufend ab, d. h., die Entropie nimmt zu. Bei ▶ Standardbedingungen (S. 9) haben daher alle Stoffe eine *Standardentropie* von $S^0 > 0$.

BEACHTE Die Entropie von Stoffen hat im Unterschied zur ▶ Bildungsenthalpie ΔH_B (S. 9) einen „echten" Nullpunkt.

Reaktionsentropie

Bei jeder Reaktion von Stoffen ändert sich der Ordnungszustand des Stoffsystems und somit die Entropie.
Diese Entropieänderung, die *Reaktionsentropie* ΔS_R, lässt sich wie die ▶ Reaktionsenthalpie (S. 10) als Differenz aus den Entropien der Reaktionsprodukte und den Entropien der Reaktionsedukte ermitteln:

$$\Delta S_R = \sum S_{\text{Produkte}} - \sum S_{\text{Edukte}}$$

BEISPIEL Bei der Reaktion von gasförmigem Chlorwasserstoff mit gasförmigem Ammoniak zu festem Ammoniumchlorid entsteht aus zwei „ungeordneten" Ausgangsstoffen ein „geordnetes" Reaktionsprodukt. Die Entropie nimmt daher ab:

Reaktion $\qquad$ HCl(g) + NH$_3$(g) → NH$_4$Cl(s)

S/J · mol^{-1} · K^{-1} $\qquad$ 186,7 $\quad$ 192,5 $\quad$ 94,6

ΔS_R = 94,6 J/mol · K^{-1} – 186,7 J/mol · K^{-1} – 192,5 J/mol · K^{-1}

ΔS_R = **– 284,6 J/mol · K^{-1}**

Freie Reaktionsenthalpie

Jede Reaktion ist durch zwei Tendenzen gekennzeichnet:

Das Stoffsystem strebt einen Zustand *möglichst geringer Energie* und *möglichst großer Entropie* an.

Aus diesem Grunde erfolgt eine Reaktion vom Typ

$$A + B \;\; \rightleftharpoons \;\; C + D$$

von selbst nach der Seite, bei der die angestrebten Zustände möglichst optimal vorliegen. Beide Einflüsse werden in der sogenannten *Gibbs-Helmholtz-Gleichung* zusammengefasst:

$$\Delta G_R = \Delta H_R - T\Delta S_R$$

ΔG_R: **freie** Reaktionsenthalpie $\qquad$ ΔH_R: Reaktionsenthalpie

ΔS_R: Reaktionsentropie $\qquad\qquad$ T: absolute Temperatur

> Reaktionen mit einer freien Reaktionsenthalpie $\Delta G_R < 0$ bezeichnet man als *exergonische Reaktionen.*
>
> Diese Reaktionen verlaufen nach einer eventuellen Aktivierung von selbst ab: Sie sind *spontane* Reaktionen.
>
> Reaktionen mit einer freien Reaktionsenthalpie $\Delta G_R > 0$ bezeichnet man als *endergonische Reaktionen.*
>
> Diese Reaktionen verlaufen trotz einer eventuellen Aktivierung nur bei weiterer und ständiger Energiezufuhr ab: Sie sind *nicht spontane* Reaktionen.

BEISPIEL $\quad$ Bei der genannten Reaktion von Chlorwasserstoff und Ammoniak erhält man bei Standardbedingungen (25 °C) folgende freie Reaktionsenthalpie ΔG_R^0:

ΔG_R^0 = – 176,9 kJ/mol – [298 K · (– 0,2846 kJ/mol · K)]

ΔG_R^0 = – 176,9 kJ/mol + 84,8 kJ/mol = **– 92,1 kJ/mol**

Die Reaktion erfolgt demnach spontan, d. h. *von selbst* unter Bildung von Ammoniumchlorid. Die *Umkehrreaktion,* d. h. die Zersetzung von Ammoniumchlorid zu Chlorwasserstoff und Ammoniak, erfolgt bei den gleichen Bedingungen nicht von selbst, sondern nur bei ständiger Energiezufuhr.

Reaktionsumkehr

Nach der Gibbs-Helmholtz-Gleichung ist die freie Reaktionsenthalpie ΔG_R *temperaturabhängig.* Vernachlässigt man die Temperaturabhängigkeit von ΔH_R und ΔS_R, so entspricht die Gibbs-Helmholtz-Gleichung einer *Geradengleichung.*

Je nach dem Vorzeichen von ΔH_R und ΔS_R gibt es vier verschiedene Typen:

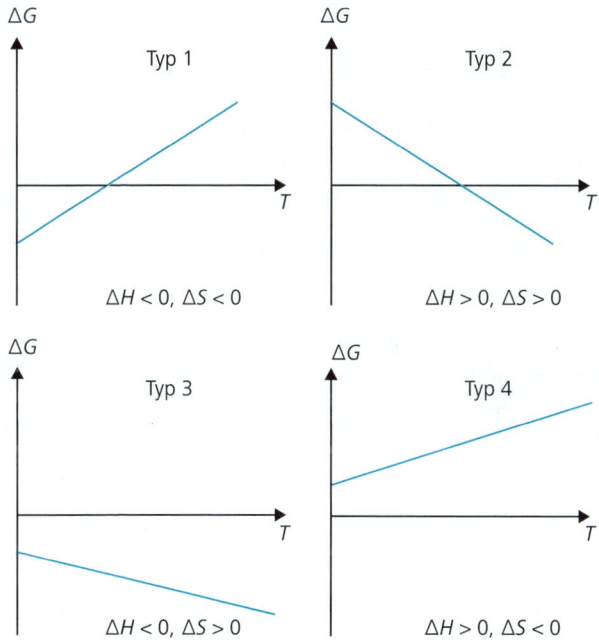

Typ 1 $\Delta H < 0, \Delta S < 0$

Typ 2 $\Delta H > 0, \Delta S > 0$

Typ 3 $\Delta H < 0, \Delta S > 0$

Typ 4 $\Delta H > 0, \Delta S < 0$

Typ 1: Bei Temperaturen $T < T_0$ verläuft die Reaktion spontan, sie ist exergonisch. Bei $T > T_0$ verläuft die Reaktion nicht spontan, sie ist endergonisch.

Typ 2: Bei Temperaturen $T < T_0$ verläuft die Reaktion nicht spontan, sie ist endergonisch. Bei $T > T_0$ verläuft die Reaktion spontan, sie ist exergonisch.

Typ 3: Die Reaktion verläuft bei allen Temperaturen exergonisch.

Typ 4: Die Reaktion verläuft bei allen Temperaturen endergonisch.

Die Temperatur T_0 bezeichnet man als *Inversionstemperatur.*
Bei dieser Temperatur „kippt" die Spontaneität der Reaktion um.

BEISPIEL   Die Reaktion von Chlorwasserstoff und Ammoniak zu Ammoniumchlorid gehört zum Typ 1.

Bei der Inversionstemperatur T_0 gilt $\Delta G_R = 0$.

Daraus folgt: $\Delta H_R - T_0 \Delta S_R = 0$

$$T_0 = \frac{\Delta H_R}{\Delta S_R} = \frac{-176{,}9\,\text{kJ/mol}}{-0{,}2846\,\text{kJ/mol} \cdot \text{K}} = 621{,}6\,\text{K} = 348{,}4\,°\text{C}$$

Unterhalb dieser Temperatur verläuft die Bildung von Ammoniumchlorid spontan, oberhalb dieser Temperatur findet eine spontane Zersetzung von Ammoniumchlorid in Chlorwasserstoff und Ammoniak statt.

MERKE

Bei einer Temperatur von $T = T_0$ reagieren die an einer möglichen Reaktion beteiligten Stoffe nach *keiner* der beiden Richtungen: Eine Reaktion findet *nicht* statt.

Geschwindigkeit chemischer Reaktionen

Die meisten chemischen Reaktionen verlaufen nicht „blitzartig": Die Reaktion zwischen den Edukten bzw. die Bildung der Produkte benötigt immer eine gewisse Zeit, die allerdings mitunter sehr kurz sein kann.

MERKE

Reaktionen zwischen Ionen verlaufen im Allgemeinen sehr viel schneller als Reaktionen zwischen Molekülen.

2.1 Heterogene und homogene Reaktionen

Reaktionen können sowohl zwischen Stoffen in einem *heterogenen* Stoffgemisch (z.B. Festkörpergemenge, Suspensionen und Emulsionen) als auch zwischen Stoffen in einem *homogenen* Stoffgemisch (z.B. in Lösungen oder Gasgemischen) stattfinden.

> Eine Reaktion zwischen Stoffen in einem heterogenen Stoffgemisch bezeichnet man als *heterogene Reaktion*.
> Eine Reaktion zwischen Stoffen in einem homogenen Stoffgemisch bezeichnet man als *homogene Reaktion*.

BEISPIEL Die Reaktion von Salzsäure mit Magnesium ist eine heterogene Reaktion. Die Neutralisation von Salzsäure mit Natronlauge ist eine homogene Reaktion.

Bei heterogenen Reaktionen wird die Reaktionszeit im Unterschied zu homogenen Reaktionen wesentlich vom ▶ *Verteilungsgrad* (S. 25) der Reaktionspartner bestimmt.

2.2 Reaktionsgeschwindigkeit

Im Verlauf einer chemischen Reaktion nimmt die Menge der Ausgangsstoffe (Edukte) ständig ab, während die Menge der Produkte entsprechend zunimmt.

> Die zeitliche Änderung der Menge von Edukten bzw. Produkten bezeichnet man als **Reaktionsgeschwindigkeit.**

Definitionen

Allgemein wird die Reaktionsgeschwindigkeit v als zeitliche Änderung der Stoffmenge n eines Stoffes definiert:

$$v = \frac{\Delta n}{\Delta t} \quad [v] = 1\,\text{mol/s}$$

Δn: Änderung der Stoffmenge während der Reaktion
Δt: während der Stoffmengenänderung verstrichene Zeit

Bei Reaktionen, die in Lösung ablaufen, bleibt das Volumen konstant. Bei der Definition der Reaktionsgeschwindigkeit kann daher die Stoffmenge auch durch die Stoffmengenkonzentration ($c = n/V$) ersetzt werden:

$$v = \frac{\Delta c}{\Delta t} \quad [v] = 1\,\text{mol/l} \cdot \text{s}$$

Δc: Änderung der Stoffmengenkonzentration während der Reaktion
Δt: während der Konzentrationsänderung verstrichene Zeit

Bei einer Reaktion, an der Gase beteiligt sind, wird zur Bestimmung der Reaktionsgeschwindigkeit die zeitliche Änderung des betreffenden Gasvolumens ermittelt:

$$v = \frac{\Delta V}{\Delta t} \quad [v] = 1\,\text{l/s}$$

ΔV: Änderung des Gasvolumens während der Reaktion
Δt: während der Volumenänderung verstrichene Zeit

Bei einer Reaktion, an der Feststoffe beteiligt sind, wird für den betreffenden Stoff die zeitliche Änderung der Masse ermittelt:

$$v = \frac{\Delta m}{\Delta t} \quad [v] = 1\,\text{g/s}$$

Δm: Massenänderung während der Reaktion
Δt: während der Massenänderung verstrichene Zeit

Durchschnitts- und Momentangeschwindigkeit

Während einer Reaktion wird diese normalerweise immer langsamer. Die Reaktionsgeschwindigkeit ist also nicht konstant.

Die obigen Definitionen stellen daher nur Durchschnittswerte dar.

Grafisch wird die Durchschnittsgeschwindigkeit für ein Zeitintervall zwischen t_1 und t_2 als Steigung einer *Sekante* z. B. in einem Konzentrations-Zeit-Diagramm dargestellt.

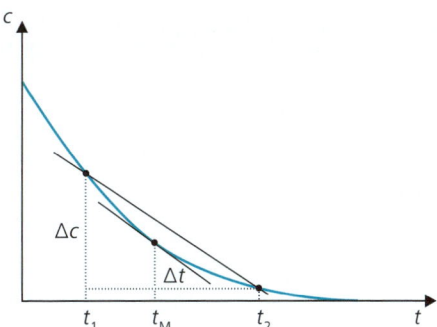

BEACHTE Bei der experimentellen Bestimmung der Durchschnittsgeschwindigkeit einer Reaktion legt man üblicherweise die Zeitspanne zwischen Reaktions*beginn* und Reaktions*ende* zugrunde.

Die Reaktionsgeschwindigkeit zu einem bestimmten *Zeitpunkt* t_M ist die jeweilige *Momentangeschwindigkeit*. Sie ergibt sich im Konzentrations-Zeit-Diagramm als Tangentensteigung an den Graphen für $t = t_M$.

Der Übergang von der Durchschnittsgeschwindigkeit zur Momentangeschwindigkeit ergibt sich durch eine Grenzwertbildung für beliebig kleine Zeitintervalle Δt:

$$v = \lim_{\Delta t \to 0} \frac{\Delta c}{\Delta t} = \frac{\mathrm{d}\,c}{\mathrm{d}\,t}$$

Darstellung der Reaktionsgeschwindigkeit

Die Geschwindigkeit einer Reaktion lässt sich sowohl als zeitliche Konzentrationsänderung eines *Eduktes* wie auch eines *Produktes* beschreiben. Beide Ansätze stellen für eine bestimmte Zeitspanne die Steigung einer Sekante im jeweiligen $c\,(t)$-Graphen dar.

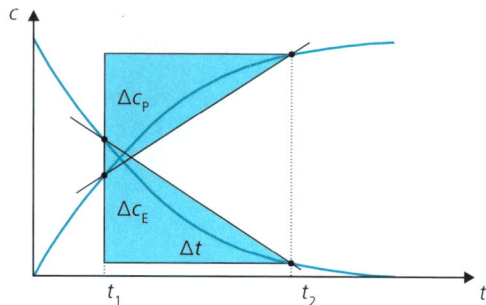

Bei derselben Zeitspanne Δt sind die Steigungen der Sekanten gleich, jedoch mit unterschiedlichem Vorzeichen. Zwischen beiden Ansätzen für die Reaktionsgeschwindigkeit besteht daher folgender Zusammenhang:

$$\frac{\Delta c\,(\text{Produkt})}{\Delta t} = -\frac{\Delta c\,(\text{Edukt})}{\Delta t} \text{ bzw. } v_{\text{Produkt}} = -v_{\text{Edukt}}$$

Dieser Ansatz gilt jedoch nur für eine Reaktion, bei der die Stoffmenge von Edukt bzw. Produkt in derselben Zeitspanne um *denselben Betrag* abnimmt bzw. zunimmt:

A + B → C + D

Bei Reaktionen, die diesem Muster nicht entsprechen, müssen bei der Gleichsetzung der Reaktionsgeschwindigkeiten die stöchiometrischen Faktoren (*a* bis *d*) berücksichtigt werden:

aA + bB → cC + dD

$$-\frac{1}{a}\frac{\Delta c\,(\text{A})}{\Delta t} = -\frac{1}{b}\frac{\Delta c\,(\text{B})}{\Delta t} = +\frac{1}{c}\frac{\Delta c\,(\text{C})}{\Delta t} = +\frac{1}{d}\frac{\Delta c\,(\text{D})}{\Delta t}$$

BEISPIEL   Wasserstoff und Iod reagieren zu Iodwasserstoff.

$H_2 + I_2 \rightarrow 2\,HI$

Die Reaktion von *einem* Mol Wasserstoff mit *einem* Mol Iod führt zur Bildung von *zwei* Mol Iodwasserstoff. Für den Ansatz der Reaktionsgeschwindigkeit folgt daraus

$$v = -\frac{\Delta c\,(H_2)}{\Delta t} = -\frac{\Delta c\,(I_2)}{\Delta t} = +\frac{1}{2}\frac{\Delta c\,(HI)}{\Delta t}.$$

Bestimmungsgrößen der Reaktionsgeschwindigkeit

Nach der *Kollisionstheorie* findet eine Reaktion nur unter bestimmten Bedingungen statt:

◆ Die miteinander reagierenden Teilchen müssen *aufeinanderstoßen*.

◆ Die Teilchen müssen in einer für sie *günstigen Position* kollidieren.

◆ Die Teilchen müssen genügend *kinetische Energie* besitzen, damit die Kollision zu einer Reaktion führt. Dazu müssen die Teilchen gegebenenfalls durch Energiezufuhr *aktiviert* werden. Dies erfolgt häufig durch Erwärmen der beteiligten Stoffe (▶ Aktivierungsenergie, S. 8).

> **MERKE**
>
> Es führt nicht jeder Zusammenstoß zu einer Reaktion, sondern nur derjenige, bei dem die genannten Bedingungen erfüllt sind.

Wie *schnell* eine Reaktion abläuft, hängt dabei von mehreren Faktoren ab:

◆ Je größer die Anzahl der Teilchen innerhalb des Reaktionsvolumens, desto häufiger stoßen sie aufeinander. Je größer also diese Anzahl, desto mehr Teilchen können in einer bestimmten Zeitspanne miteinander reagieren.

> Je höher die *Konzentration* der reagierenden Stoffe, desto größer ist die Reaktionsgeschwindigkeit.

Auf diese Weise wird verständlich, warum die Reaktionsgeschwindigkeit mit abnehmender Konzentration der Edukte, d.h. während des Reaktionsvorgangs abnimmt.

◆ Durch Erhöhung der Temperatur wird die kinetische Energie der Teilchen erhöht und somit auch die Wahrscheinlichkeit, dass die Stoffe miteinander reagieren.

> Je höher die *Temperatur*, desto größer ist die Reaktionsgeschwindigkeit.

Für die Zunahme der Reaktionsgeschwindigkeit mit der Temperatur gilt häufig die **RGT-Regel** (**R**eaktions**g**eschwindigkeits-**T**emperatur-Regel):

> Bei jeder Temperaturerhöhung um 10 K (10 °C) *verdoppelt* sich die Reaktionsgeschwindigkeit.

◆ Bei heterogenen Reaktionen, z. B. bei solchen, in denen Festkörper beteiligt sind, spielt auch die gemeinsame Oberfläche der Reaktionspartner eine Rolle.

> Je größer die gemeinsame Oberfläche der Reaktionspartner, d. h. je größer ihr *Verteilungsgrad*, desto größer ist die Reaktionsgeschwindigkeit.

BEISPIEL   Magnesium*pulver* reagiert mit Salzsäure viel schneller als ein kompaktes Magnesium*stück*.

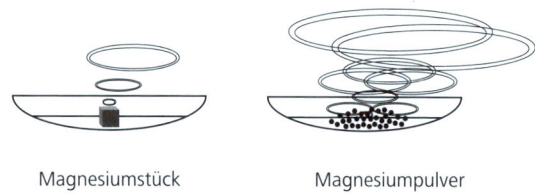

Magnesiumstück   Magnesiumpulver

2.3 Geschwindigkeitsgesetz

Nach der Kollisionstheorie führt in einem festgelegten Volumen die *Verdopplung* der Teilchenzahl eines Reaktionspartners zu einer Verdopplung der Stöße und somit zu einer *Verdopplung* der Reaktionsgeschwindigkeit. Eine Verdreifachung der Teilchenkonzentration führt entsprechend zu einer Verdreifachung der Reaktionsgeschwindigkeit usw.

Reaktionsart

Reaktionen, an denen auf der Eduktseite nur *eine* Teilchensorte beteiligt ist, nennt man *monomolekulare Reaktion:*

A → B + C

Eine große Anzahl von Reaktionen kommt jedoch dadurch zustande, dass jeweils *zwei* Teilchen von unterschiedlichen Stoffen durch Stöße miteinander reagieren.

A + B → AB

Eine Reaktion, die durch eine Kollision von zwei Teilchensorten erfolgt, bezeichnet man als *bimolekulare Reaktion.*

BEACHTE   Die Bezeichnung „molekular" soll nicht bedeuten, dass die betreffenden Teilchen ausschließlich *Moleküle* sind. Es können auch Atome oder Ionen sein.

Die Reaktionsgeschwindigkeit bei einer monomolekularen Reaktion ist der Teilchenkonzentration *proportional*: $v \sim c(A)$

Die Reaktionsgeschwindigkeit bei einer bimolekularen Reaktion ist der Konzentration beider Teilchenarten proportional:

$v \sim c(A)$ und $v \sim c(B)$
Daraus folgt: $v \sim c(A) \cdot c(B)$

Ist für eine Reaktion die *gleichzeitige* Kollision von *mehr* als zwei Teilchen erforderlich, enthält die Reaktionsgeschwindigkeit das Produkt aller Teilchenkonzentrationen:

$v \sim c(A) \cdot c(B) \cdot c(C) \cdot c(D) \cdot \ldots$

| **BEACHTE** Die Gültigkeit dieser Gleichungen setzt voraus, dass *alle* Stöße zwischen den Teilchen zu einer Reaktion führen. Dies ist jedoch nicht immer der Fall.

Reaktionsordnung

Aus dem Ansatz der Kollisionstheorie folgt für die Reaktionsarten das jeweilige *Geschwindigkeitsgesetz*:

$v = k \cdot c(A)$ — Reaktion 1. Ordnung
$v = k \cdot c(A) \cdot c(B)$ — Reaktion 2. Ordnung
$v = k \cdot c(A) \cdot c(B) \cdot c(C) \cdot \ldots$ — Reaktion n. Ordnung

Die Konstante k ist die sogenannte *Geschwindigkeitskonstante*.
Verschiedene Faktoren, z. B. ein komplexer Reaktionsverlauf, führen dazu, dass *experimentelle* Ergebnisse häufig *nicht* den theoretischen Ansätzen entsprechen. Daher wird eine bestimmte Reaktion durch ein experimentell ermitteltes Geschwindigkeitsgesetz beschrieben:

$v = k \cdot c^x(A) \cdot c^y(B) \cdot c^z(C) \cdot \ldots$

$x + y + z + \ldots = n$: Reaktionsordnung

BEISPIEL

Ordnung = Summe der Exponenten	Geschwindigkeitsgesetz	Beispiel
1	$v = k \cdot c(A)$	radioaktiver Zerfall
2	$v = k \cdot c(A) \cdot c(B)$	$H_2 + I_2 \rightarrow 2\,HI$
2	$v = k \cdot c^2(A)$	$2\,NO_2 \rightarrow N_2O_4$

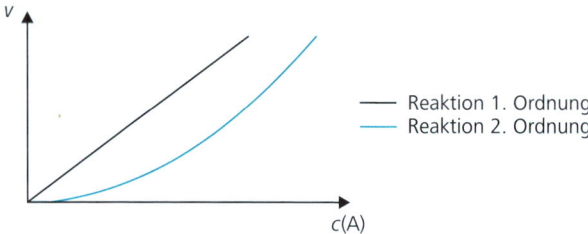

Reaktionen 1. Ordnung sind relativ selten. Man findet sie nur bei Stoffen, die *ohne* Mitwirkung anderer Stoffe in ihre Bestandteile zerfallen.

Dennoch können bestimmte bimolekulare Reaktionen durch einen Ansatz 1. Ordnung beschrieben werden, wenn die Konzentration des einen Stoffes gegenüber der des Reaktionspartners sehr groß ist und sich während der Reaktion praktisch nicht ändert.

Solche Reaktionen bezeichnet man als Reaktionen *pseudoerster* Ordnung.

BEISPIEL   Eine wässrige Lösung von Kristallviolett (▶ Triphenylmethan-farbstoffe, S. 136) wird durch Hydroxid-Ionen entfärbt.

$KV^+ + OH^- \rightarrow KV-OH$
violett   farblos

Dieser Vorgang entspricht einer Reaktion 1. Ordnung, wenn die Konzentration der Hydroxid-Ionen gegenüber der von Kristallviolett sehr groß ist und damit als konstant betrachtet werden kann.

$v = k \cdot c\,(OH^-) \cdot c\,(KV^+) = k' \cdot c\,(KV^+)$, wobei $k' = k \cdot c\,(OH^-)$

2.4   Katalyse

Viele Reaktionen, die aufgrund der energetischen Voraussetzungen (▶ S. 18) spontan, d. h. von selbst ablaufen müssten, tun dies nicht oder nur sehr langsam.

BEISPIEL   Die Bildung von Wasser aus Wasserstoff und Sauerstoff hat bei 25 °C eine freie molare Reaktionsenthalpie von $\Delta G_R = -229\,kJ/mol$. Dennoch kann man ein Gemisch von Wasserstoff und Sauerstoff aufbewahren, ohne dass eine Reaktion erfolgt.

Die Ursache liegt an der für diese Reaktionen sehr hohen *Aktivierungsenergie* (▶ S. 8), die aufgebracht werden muss, um die beteiligten Stoffe reaktionsfähig zu machen.
Es gibt Stoffe, die die Geschwindigkeit einer Reaktion beeinflussen können.

> Ein Stoff, der die Geschwindigkeit einer Reaktion erhöht, ohne dabei selbst verbraucht zu werden, ist ein **Katalysator.**

BEISPIEL Lässt man gasförmigen Wasserstoff durch fein verteiltes Platin strömen, so glüht dieses auf und der Wasserstoff entzündet sich in Gegenwart von Luftsauerstoff von selbst.

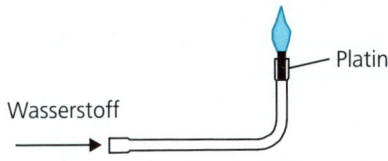

Ein Katalysator bewirkt eine Herabsetzung der *Aktivierungsenergie* und somit eine Zunahme der Reaktionsgeschwindigkeit.

Die Wirkung eines Katalysators beruht darauf, dass er mit einem der Reaktionspartner ein reaktionsfähiges Zwischenprodukt bildet. Dieses reagiert mit dem anderen Reaktionspartner weiter und setzt dabei den Katalysator wieder frei.

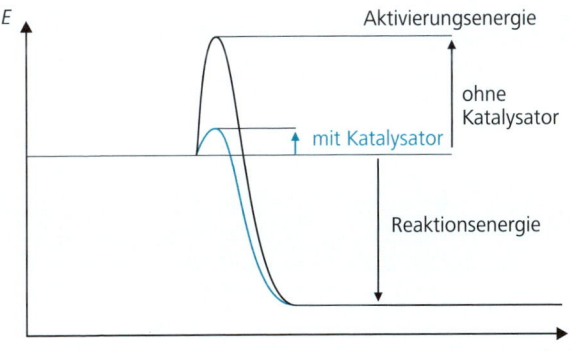

3 Chemisches Gleichgewicht

3.1 Kennzeichen des chemischen Gleichgewichts

Viele chemische Reaktionen sind *umkehrbar*. Nach welcher Richtung sie erfolgen, hängt von den äußeren Bedingungen ab, z. B. von der *Temperatur*.

Gleichgewichtsreaktionen

Bei umkehrbaren Reaktionen können unter bestimmten und gleichen Bedingungen sowohl die Hin- als auch die Rückreaktion beobachtet werden.

BEISPIEL Ein Gemisch von gasförmigem Iod und Wasserstoff reagiert bei erhöhter Temperatur zu Iodwasserstoff.

$$H_2(g) + I_2(g) \rightarrow 2\,HI(g)$$

Die Reaktionsgeschwindigkeit wird dabei immer geringer, bis sie schließlich auf „Null" zurückgeht (Kurve 1)

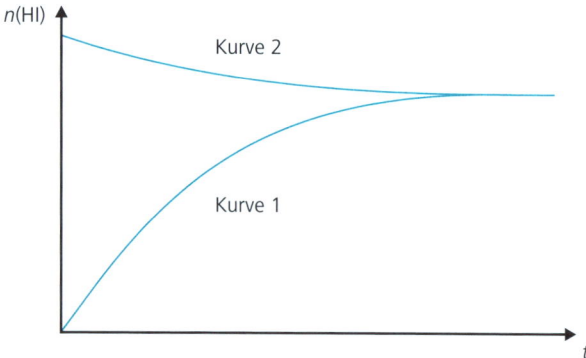

Dabei kommt es jedoch zu keinem *vollständigen* Stoffumsatz, denn bei *derselben* Temperatur zerfällt auch Iodwasserstoff zu Iod und Wasserstoff (Kurve 2).

$$2\,HI(g) \rightarrow H_2(g) + I_2(g)$$

Beide Reaktionen führen also nach einer gewissen Zeit zu demselben Endzustand, bei dem *alle* an der Reaktion beteiligten Stoffe in einem bestimmten Verhältnis vorliegen.

> **MERKE**
>
> Diesen Zustand bezeichnet man als *chemisches Gleichgewicht*.

> Eine Reaktion, bei der nach einer gewissen Zeit sowohl Edukte als auch Produkte in bestimmten Mengenverhältnissen vorliegen, bezeichnet man als *Gleichgewichtsreaktion.*

Gleichgewichtsreaktionen werden durch einen „Doppelpfeil" gekennzeichnet:

$$A + B \rightleftharpoons C + D$$

Gleichgewichtskonstante

Im Verlauf einer Gleichgewichtsreaktion nimmt die Konzentration der Edukte ständig ab. Dadurch *verringert* sich auch die Geschwindigkeit der *Hin*reaktion.

Gleichzeitig nimmt die Konzentration der Produkte ständig zu. Dadurch *vergrößert* sich die Geschwindigkeit der Rückreaktion.

Für eine bimolekulare Reaktion des Typs $A + B \rightleftharpoons C + D$ ergeben sich folgende Ansätze:

$$v_{hin} = k_{hin} \cdot c(A) \cdot c(B) \qquad v_{rück} = k_{rück} \cdot c(C) \cdot c(D)$$

Sind schließlich beide Reaktionsgeschwindigkeiten *gleich,* wird in gleichen Zeitspannen ebenso viel Produkt wie Edukt gebildet: Das Gleichgewicht ist erreicht.

$$v_{hin} = v_{rück}$$

$$k_{hin} \cdot c(A) \cdot c(B) = k_{rück} \cdot c(C) \cdot c(D)$$

$$\frac{k_{hin}}{k_{rück}} = \frac{c(C) \cdot c(D)}{c(A) \cdot c(B)}$$

Für $\dfrac{k_{hin}}{k_{rück}}$ wird eine neue Konstante eingeführt. Daraus folgt:

$$K_c = \frac{c(C) \cdot c(D)}{c(A) \cdot c(B)}.$$

Diese Konstante K_c ist die *Gleichgewichtskonstante.*

Für eine Reaktion des Typs
aA + bB $\rightleftharpoons$ cC + dD a, b, c, d: stöchiometrische Faktoren
gilt allgemein das sogenannte *Massenwirkungsgesetz:*

$$K_c = \frac{c^c(C) \cdot c^d(D)}{c^a(A) \cdot c^b(B)}$$

Gasreaktionen

Bei Gasgleichgewichten verwendet man statt der Gleichgewichtskonstanten K_c üblicherweise die Gleichgewichtskonstante K_p.
Für das Gleichgewicht aA + bB $\rightleftharpoons$ cC + dD gilt somit:

$$K_p = \frac{p^c(C) \cdot p^d(D)}{p^a(A) \cdot p^b(B)}.$$

p(A), p(B), p(C), p(D) sind die *Partialdrücke* der Gase im Gleichgewicht. Die Summe aller Partialdrücke p(i) ergibt den im Gasvolumen V herrschenden Gesamtdruck p:
$\Sigma\, p\,(\mathrm{i}) = p$ (daltonsches Gesetz)

Zwischen den Gleichgewichtskonstanten K_c und K_p besteht folgender Zusammenhang:
$K_p = K_c \cdot (R \cdot T)^{\Delta n}$
R: universelle Gaskonstante (▶ S. 147)
T: absolute Temperatur
$\Delta n = (c + d) - (a + b)$

Lage des Gleichgewichts

Die Lage eines Gleichgewichts ist durch die Größe der Gleichgewichtskonstanten bestimmt:

- Ist die Gleichgewichtskonstante sehr *groß,* liegt das Gleichgewicht praktisch vollständig auf der Seite der *Produkte.*
- Ist die Gleichgewichtskonstante sehr *klein,* liegt das Gleichgewicht praktisch vollständig auf der Seite der *Edukte.*

MERKE

Im Prinzip sind *alle* chemischen Reaktionen Gleichgewichtsreaktionen.

BEISPIEL   Bei der Verbrennung von Wasserstoff entsteht praktisch zu 100 % Wasserdampf. Dies beruht darauf, dass die Gleichgewichtskonstante für die Reaktion $2\,H_2 + O_2 \rightleftharpoons 2\,H_2O$ bei 25 °C einen Wert von $K \approx 6 \cdot 10^{67}\,(\text{mol/l})^{-1}$ hat.

Bestimmung der Gleichgewichtskonstanten

Bei Kenntnis der in einem Gleichgewicht vorliegenden Konzentrationen der beteiligten Stoffe ist es möglich, die entsprechende Gleichgewichtskonstante zu berechnen.

BEISPIEL   Bei der Zersetzung von Iodwasserstoff zu Wasserstoff und Iod ist bei $T = 446$ °C der Druck $p\,(\text{HI})$ von ursprünglich $p\,(\text{HI})_0 = 5979\,\text{Pa}$ um 1316 Pa zurückgegangen.

Dabei müssen sich entsprechend der Reaktionsgleichung $2\,\text{HI} \rightleftharpoons H_2 + I_2$ Wasserstoff und Iod gebildet haben, deren Partialdruck jeweils $p\,(H_2) = p\,(I_2) = 658\,\text{Pa}$ beträgt.

Diese Partialdrücke stehen mit dem verbleibenden Partialdruck von Iodwasserstoff $p\,(\text{HI}) = p\,(\text{HI})_0 - p\,(H_2) - p\,(I_2) = 4663\,\text{Pa}$ im Gleichgewicht.

Für die Gleichgewichtskonstante ergibt sich damit:

$$K_p = \frac{p\,(H_2) \cdot p\,(I_2)}{p^2(\text{HI})} = \frac{658\,\text{Pa} \cdot 658\,\text{Pa}}{(4663\,\text{Pa})^2} = 1,99 \cdot 10^{-2}.$$

Umrechnung in K_c:

$$K_c = \frac{K_p}{(R \cdot T)^{\Delta n}} \qquad \Delta n = 1 + 1 - 2 = 0 \quad (R \cdot T)^0 = 1 \qquad K_c = K_p$$

3.2   Beeinflussung des chemischen Gleichgewichts

Eine Änderung der Reaktionsbedingungen *Temperatur* und *Druck* führt zu einer *Verschiebung* des Gleichgewichts und somit zu einer Änderung der Gleichgewichtskonzentrationen.

> **MERKE**
>
> Eine Zunahme von K_c bedeutet eine Verschiebung des Gleichgewichts auf die Seite der Produkte, eine Abnahme von K_c bedeutet eine Verschiebung des Gleichgewichts auf die Seite der Edukte.

Änderung der Temperatur

Eine Temperaturänderung führt *immer* zu einer Änderung der Gleichgewichtskonzentrationen. Welche Konzentrationen dabei zunehmen bzw. abnehmen, hängt davon ab, ob die betreffende Gleichgewichtsreaktion *exotherm* oder *endotherm* ist:

	Art der Reaktion	Zunahme der
Temperaturzunahme	exotherm	Edukte
	endotherm	Produkte
Temperaturabnahme	exotherm	Produkte
	endotherm	Edukte

BEISPIEL Die Bildung von Iodwasserstoff aus den Elementen ist eine *exotherme* Reaktion. Eine Erhöhung der Temperatur bewirkt daher eine Verschiebung des Gleichgewichts auf die Seite der *Ausgangsstoffe*.

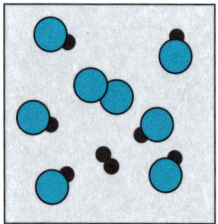 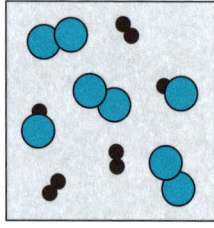

Temperaturerhöhung

Änderung des Drucks

Gleichgewichtsreaktionen, an denen Gase beteiligt sind, sind häufig mit einer Änderung der Teilchenzahl verbunden.

BEISPIEL Bei der Synthese von Ammoniak aus den Elementen reagieren je 3 mol Wasserstoff und 1 mol Stickstoff zu 2 mol Ammoniak:

$3 H_2 + N_2 \rightleftharpoons 2 NH_3$.

Die Teilchenzahl geht demnach auf die *Hälfte* zurück.

In einem *geschlossenen System* kann man daher je nach Reaktionsbedingung eine *Druckänderung* oder eine *Volumenänderung* feststellen.

BEISPIEL Wird bei der Ammoniaksynthese das Volumen konstant gehalten, ergibt sich eine Abnahme des Drucks. Ist das Volumen veränderlich, nimmt es so lange ab, bis der Anfangsdruck wieder erreicht ist.

Die Lage des Gleichgewichts kann durch eine *Druckerhöhung* von außen beeinflusst werden:
♦ bei konstantem Reaktionsvolumen durch weitere Zufuhr von Edukten,
♦ bei veränderlichem Reaktionsvolumen durch Komprimieren.

> Wird in einem geschlossenen Stoffsystem der Druck erhöht, verlagert sich das Gleichgewicht nach der Seite geringerer Teilchenzahlen.

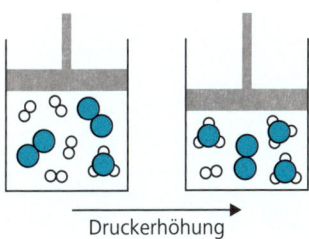

Druckerhöhung

BEISPIEL Bei der Ammoniaksynthese führt eine Druckerhöhung zu einer Verschiebung des Gleichgewichts auf die Produktseite.

BEACHTE Bei Reaktionen, die mit *keiner* Änderung der Teilchenzahl verbunden sind, führt eine Druckänderung zu *keiner* Verschiebung des Gleichgewichts.

Änderung der Konzentration

Verändert man die Konzentration von *einem* der am Gleichgewicht beteiligten Stoffe, ändern sich auch die Konzentrationen *aller* anderen Partner.
Da die Gleichgewichtskonstante nur von der Temperatur abhängt, erfolgt die Änderung mit dem Ziel, das ursprüngliche Gleichgewicht *wieder herzustellen*. Für eine Gleichgewichtsreaktion A + B $\rightleftharpoons$ C + D mit $K_c = \dfrac{c(C) \cdot c(D)}{c(A) \cdot c(B)}$

lassen sich dabei folgende Fälle unterscheiden:

Änderung	bewirkt
Zugabe von A bzw. B	Zunahme der Produkte
Zugabe von C bzw. D	Zunahme der Edukte
Entzug von A bzw. B	Zunahme der Edukte
Entzug von C bzw. D	Zunahme der Produkte

BEISPIEL Führt man dem System $H_2 + I_2 \rightleftharpoons 2\,HI$ zusätzlich Wasserstoff zu, so reagiert dieser mit dem im Gleichgewicht vorhandenen Iod zu *weiterem* Iodwasserstoff, um die erfolgte Störung des Gleichgewichts wieder zu beseitigen.

Einen besonderen Fall stellen Gleichgewichtsreaktionen dar, bei denen *gasförmige Produkte* vorliegen.
Findet die Reaktion in einem *offenen System* statt, kann das bei der Reaktion entstehende Gas ständig entweichen. Dadurch wird ständig neues Gas produziert, das wiederum entweicht.
Diese Störung des Gleichgewichts führt dazu, dass es sich nicht mehr einstellen kann: Die Reaktion verläuft *vollständig* zur Produktseite.

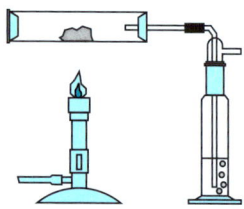

BEISPIEL Calciumcarbonat zersetzt sich beim Erhitzen zu festem Calciumoxid und gasförmigem Kohlenstoffdioxid.
$CaCO_3\,(s) \rightleftharpoons CaO\,(s) + CO_2\,(g)$
Findet die Reaktion in einem *geschlossenem* System statt, stellt sich für die jeweils vorliegende Temperatur ein bestimmtes Gleichgewicht ein.
Findet die Reaktion jedoch in einem *offenen* System statt, kann das entstehende Kohlenstoffdioxid ständig entweichen und die Reaktion verläuft quantitativ nach der Produktseite.

Prinzip des kleinsten Zwangs

Das Verhalten eines im chemischen Gleichgewicht befindlichen Systems gegenüber den äußeren Einflüssen Druck und Temperatur folgt einem allgemeinen Prinzip:

> Wird auf ein Gleichgewicht ein Zwang ausgeübt, erfolgt eine Verschiebung dieses Gleichgewichts mit dem Bestreben, dieser von außen aufgezwungenen Änderung auszuweichen.

Dieses von Le Chatelier und Braun aufgestellte Prinzip bezeichnet man als das *Prinzip des kleinsten Zwangs:*[1]

◆ Eine *Wärmezufuhr* begünstigt *endotherme* Vorgänge, um der drohenden Temperaturerhöhung auszuweichen.

◆ Auf eine *Komprimierung* reagiert ein Gleichgewichtssystem gegebenenfalls mit einer *Verringerung* des Volumens, um der Druckerhöhung auszuweichen.

BEISPIEL   Die Ammoniaksynthese ist eine exotherme Reaktion. Eine Temperaturerhöhung begünstigt daher die endotherme Umkehrreaktion zu Wasserstoff und Stickstoff.

Auf eine Druckerhöhung reagiert das System mit einer vermehrten Bildung von Ammoniak.

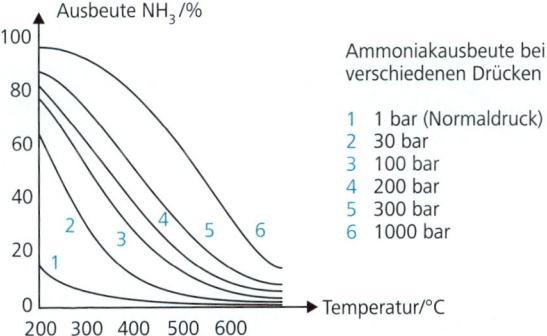

Ammoniakausbeute bei verschiedenen Drücken

1 1 bar (Normaldruck)
2 30 bar
3 100 bar
4 200 bar
5 300 bar
6 1000 bar

---

1 In manchen Büchern und ggf. auch im Unterricht wird die Auswirkung einer *Konzentrationsänderung* auf das Gleichgewicht in das Prinzip einbezogen. Dies ist zwar möglich, war jedoch ursprünglich nicht so formuliert.

Alle Maßnahmen, die das chemische Gleichgewicht beeinflussen, lassen sich folgendermaßen zusammenfassen:

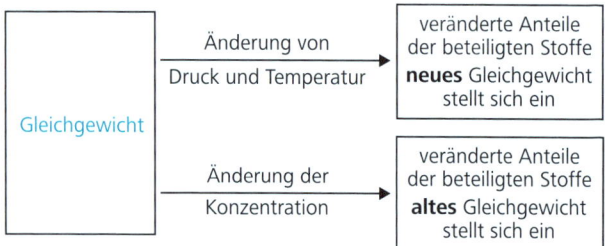

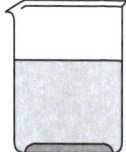

> **BEACHTE** Eine Druckänderung wirkt sich nur in einem geschlossenen System auf das Gleichgewicht aus.

3.3 Lösungsgleichgewichte

Viele ionische Stoffe – z. B. Kochsalz – lösen sich in Wasser. Die ▶Löslichkeit dieser Stoffe (s. Internet) ist jedoch begrenzt: Ab einer bestimmten Menge löst sich nichts mehr auf, sondern bleibt als ungelöster Anteil in der nun *gesättigten* Lösung.

> **BEACHTE** Der Anteil des Stoffes in der gesättigten Lösung, d. h. seine Konzentration, ist unabhängig von der Menge des ungelöst gebliebenen Bodenkörpers.

Temperaturabhängigkeit der Löslichkeit

Die Löslichkeit von Feststoffen nimmt im Allgemeinen mit steigender Temperatur zu. Daher löst sich beim Erwärmen einer Mischung aus gesättigter Lösung und Bodenkörper ein Teil des Bodenkörpers auf, d. h., die Konzentration der gesättigten Lösung wird *erhöht*.

Beim Abkühlen erfolgt eine Konzentrationsänderung in *umgekehrter* Richtung.

Zwischen der gesättigten Lösung eines Stoffes und dem ungelösten Anteil besteht ein **Lösungsgleichgewicht.** Dieses ist von der Temperatur abhängig.

BEISPIELE

	Löslichkeit in g/100 g Wasser	
	$T = 20\,°C$	$T = 100\,°C$
NaCl	35,9	39,2
$NaNO_3$	88,0	176,0
AgCl	$0,15 \cdot 10^{-3}$	$1,17 \cdot 10^{-3}$

BEACHTE Bei Gasen nimmt die Löslichkeit mit steigender Temperatur ab.

Löslichkeitsprodukt

Fügt man zu einer gesättigten Lösung eines in Wasser löslichen Salzes weiteres Salz hinzu, bildet dieses einen ungelösten Bodenkörper. Fügt man stattdessen ein Salz hinzu, das *eines* der Ionen vom gelösten Salz enthält, bildet sich ebenfalls derselbe Bodenkörper.

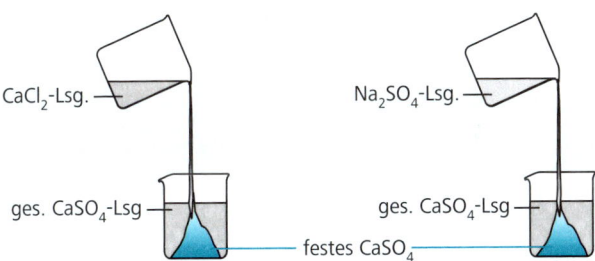

BEISPIEL Fügt man zu einer gesättigten Lösung von Calciumsulfat etwas *Calcium*chlorid bzw. Natrium*sulfat* hinzu, so bildet sich in beiden Fällen ein Bodenkörper von *Calciumsulfat.*

BEACHTE Ein entsprechendes Verhalten zeigen auch andere Ionenverbindungen.

Bei einem Salz vom Typ A^+B^- liegt in der gesättigten Lösung folgendes Gleichgewicht vor:

$$AB \rightleftharpoons A^+ + B^- \text{ und } K = \frac{c(A^+) \cdot c(B^-)}{c(AB)}$$

$c(AB)$ stellt die Konzentration des *gelösten*, aber nicht in einzelne Ionen aufgeteilten Salzes dar. Da Salze jedoch, wenn sie in Lösung gehen, praktisch vollständig in Ionen gespalten sind, ist diese Konzentration verschwindend klein und praktisch *konstant*.

Man kann daher die Konzentration $c(AB)$ mit der Gleichgewichtskonstanten K zu einer neuen Konstanten K_L zusammenfassen:

$$K_L = K \cdot c(AB) = c(A^+) \cdot c(B^-)$$

> Die Konstante K_L bezeichnet das *Löslichkeitsprodukt* einer Ionenverbindung vom Typ $A_mB_n \rightleftharpoons mA^{n+} + nB^{m-}$:
> $$K_L = c^m(A^{n+}) \cdot c^n(B^{m-})$$

BEISPIELE

Verbindung	Beispiel	Löslichkeitsprodukt
AB	AgCl	$K_L = c(Ag^+) \cdot c(Cl^-)$
	$CaSO_4$	$K_L = c(Ca^{2+}) \cdot c(SO_4^{2-})$
AB_2	$Ca(OH)_2$	$K_L = c(Ca^{2+}) \cdot c^2(OH^-)$

Das Löslichkeitsprodukt ist *temperaturabhängig* und gibt Information über die Löslichkeit eines Salzes.

BEISPIEL   Das Löslichkeitsprodukt von Calciumsulfat beträgt bei 25 °C

$$K_L = c(Ca^{2+}) \cdot c(SO_4^{2-}) = 2 \cdot 10^{-5} \text{ mol}^2/\text{l}^2.$$

Da in der Lösung beide Ionen in *gleicher* Anzahl vorliegen, gilt

$$c(Ca^{2+}) = c(SO_4^{2-}).$$

Diese Konzentration entspricht aber auch der Menge des im Wasser gelösten Calciumsulfats $c(CaSO_4)$. Demnach ist in einer gesättigten Lösung

$$c(CaSO_4) = \sqrt{K_L} = \sqrt{2 \cdot 10^{-5}} \text{ mol/l} = 4,5 \cdot 10^{-3} \text{ mol/l Calciumsulfat enthalten.}$$

Das Löslichkeitsprodukt ist in einer gesättigten Salzlösung und bei einer bestimmten Temperatur immer *konstant*.

BEISPIEL   Die Konzentration von Calcium- *und* Sulfat-Ionen in einer gesättigten Lösung von Calciumsulfat beträgt:

$c\,(\text{Ca}^{2+}) = c\,(\text{SO}_4^{2-}) = 4{,}5 \cdot 10^{-3}\,\text{mol/l}.$

Bei einer Erhöhung von $c\,(\text{Ca}^{2+})$ auf das *Zehnfache* durch Zugabe von Calci-
umchloridlösung geht die Konzentration von $c\,(\text{SO}_4^{2-})$ in der Lösung wegen
der Konstanz des Löslichkeitsprodukts auf ein *Zehntel* zurück; 90 % der ursprünglich gelösten Sulfat-Ionen fallen in Form von festem Calciumsulfat als
Bodenkörper aus.

4 Säuren und Basen

4.1 Definitionen von Säuren und Basen

Unter „Säuren" versteht man üblicherweise Stoffe, deren wässrige Lösungen folgende Eigenschaften haben:

◆ Sie schmecken sauer.
◆ Sie lösen unedle Metalle unter Entwicklung von Wasserstoff.
◆ Sie zersetzen Carbonate (z. B. Kalk) unter Entwicklung von Kohlenstoffdioxid.
◆ Sie bewirken bei bestimmten Pflanzenfarbstoffen einen Farbumschlag.

Zu „Basen" zählt man Stoffe, deren wässrige Lösungen (Laugen) folgende Eigenschaften haben:

◆ Sie fühlen sich seifig an.
◆ Sie bewirken bei bestimmten Pflanzenfarbstoffen ebenfalls einen Farbumschlag.
◆ Sie können bei Zugabe zu Säuren deren Wirkung aufheben.

Auf Grundlage der genannten Eigenschaften wurden verschiedene Definitionen von Säuren und Basen entwickelt.

Entwicklung des Säure- und Basebegriffs

Wässrige Lösung von Nichtmetalloxiden sind sauer. Daraus entstand im Jahre 1775 die erste Definition von Säuren:

> Bei der Verbrennung von Nichtmetallen entstehen Säuren.
> Säuren enthalten daher Sauerstoff (Antoine de Lavoisier).

Bei der Verbrennung von Nichtmetallen entstehen Oxide. Säuren entstehen erst durch die Reaktion mit Wasser. Deren wässrige Lösungen sind sauer.

BEISPIEL Phosphor verbrennt zu Phosphorpentaoxid. Bei der Reaktion mit Wasser entsteht Phosphorsäure. Ihre wässrige Lösung ist sauer.

$$P_2O_5 + 3\,H_2O \rightarrow 2\,H_3PO_4$$

Andererseits reagieren einige Metalloxide mit Wasser zu Basen, deren wässrige Lösungen alkalisch sind.

BEISPIEL Calciumoxid reagiert mit Wasser zu Calciumhydroxid. Die wässrige Lösung (Kalkwasser) ist alkalisch.

$$CaO + H_2O \rightarrow Ca(OH)_2$$

Eine Definition von Säuren von 1838 besagt, dass nicht Sauerstoff, sondern Wasserstoff ein Bestandteil von Säuren ist:

> Säuren sind Stoffe, die Wasserstoff enthalten, der durch ein Metall ersetzt werden kann (Justus v. Liebig).

BEISPIEL Salzsäure löst Magnesium unter Wasserstoffentwicklung auf.
$$2\,HCl + Mg \rightarrow MgCl_2 + H_2\uparrow$$

Eine weiter gehende Definition von 1887 bezieht sich darauf, dass wässrige Lösungen von Säuren und Basen *Wasserstoff-Ionen* bzw. *Hydroxid-Ionen* enthalten.

> Säuren sind Stoffe, die beim Lösen in Wasser Wasserstoff-Ionen (Protonen) abspalten. Basen sind Stoffe, die beim Lösen in Wasser Hydroxid-Ionen abspalten (Svante Arrhenius).

BEISPIEL Gasförmiger Chlorwasserstoff spaltet beim Lösen in Wasser Protonen ab, festes Natriumhydroxid spaltet beim Lösen in Wasser Hydroxid-Ionen ab.

MERKE

Den Zerfall einer Verbindung in Kationen und Anionen bezeichnet man als *elektrolytische Dissoziation.*

Theorie von Brönsted

Viele Stoffe bilden saure bzw. alkalische Lösungen, ohne dass sie Säuren bzw. Basen nach den genannten Definitionen sind.

BEISPIEL Eine Lösung von Ammoniumchlorid reagiert sauer, eine Lösung von Natriumacetat reagiert alkalisch.

Johannes Brönsted und Thomas Lowry entwickelten daher 1923 eine neue Definition für Säuren und Basen:

> Eine Säure kann Protonen abgeben, eine Base kann Protonen aufnehmen. Die Säure ist ein *Protonendonator,* die Base ein *Protonenakzeptor.*

BEISPIEL   Bei der Dissoziation von Chlorwasserstoff in Wasser entsteht eine wässrige Lösung von Salzsäure.

$$|\overline{Cl} - H \quad + \quad |\overline{O} - H \quad \longrightarrow \quad |\overline{Cl}|^{\ominus} \quad + \quad H - \overset{\oplus}{O} - H$$
$$\qquad\qquad\qquad\qquad | \qquad\qquad\qquad\qquad\qquad\qquad\quad |$$
$$\qquad\qquad\qquad\qquad H \qquad\qquad\qquad\qquad\qquad\qquad\quad H$$

Das Chlorwasserstoffmolekül spaltet ein Proton *ab,* ist also eine *Säure,* das Wassermolekül nimmt ein Proton *auf,* ist also eine *Base.* Durch die Anlagerung des Protons an das Wassermolekül entsteht ein *Oxonium-Ion.*

BEISPIEL   Ammoniak reagiert mit Wasser zu einer alkalischen Lösung.

$$H - \overset{\overset{\displaystyle H}{|}}{\underset{\underset{\displaystyle H}{|}}{N}}| \quad + \quad |\overline{O} - H \quad \longrightarrow \quad H - \overset{\overset{\displaystyle H}{|}\oplus}{\underset{\underset{\displaystyle H}{|}}{N}} - H \quad + \quad {}^{\ominus}\overline{\underline{O}} - H$$

Das Ammoniakmolekül nimmt ein Proton *auf,* ist also eine *Base,* das Wassermolekül gibt ein Proton *ab,* ist also eine *Säure.* Durch die Anlagerung des Protons an das Ammoniakmolekül entsteht ein *Ammonium-Ion.*

Die beiden Beispiele zeigen, dass Wassermoleküle sowohl eine Base als auch eine Säure sein können.
Welches Teilchen bei einer Säure-Base-Reaktion die Säure bzw. die Base ist, hängt davon ab, welcher der beiden Reaktionspartner das größere Bestreben hat, Protonen abzugeben bzw. aufzunehmen (▶ Säure- und Basekonstanten s. Internet).

MERKE

Die Begriffe „Säure" und „Base" kennzeichnen eine *Funktion* und nicht einen Stoff.

Im Unterschied zu älteren Definitionen kann nach der Definition von Brönsted eine Säure-Base-Reaktion auch *ohne* Wasser stattfinden:

BEISPIEL   Chlorwasserstoff reagiert mit Ammoniak zu Ammoniumchlorid.

$$|\overline{Cl} - H \quad + \quad |\overset{\overset{\displaystyle H}{|}}{\underset{\underset{\displaystyle H}{|}}{N}} - H \quad \longrightarrow \quad |\overline{Cl}|^{\ominus} \quad + \quad H - \overset{\overset{\displaystyle H}{|}\oplus}{\underset{\underset{\displaystyle H}{|}}{N}} - H$$

Das Chlorwasserstoffmolekül gibt ein Proton *ab*, ist also eine *Säure,* das Ammoniakmolekül nimmt ein Proton *auf,* ist also eine *Base.*

Bei einer Säure-Base-Reaktion entsteht aus dem jeweiligen Säure-Base-Paar immer ein neues Säure-Base-Paar. Beide Seiten bilden zusammen ein sogenanntes ▸ *chemisches Gleichgewicht* (S. 31).

Zusammenfassung der Brönsted-Theorie:

◆ Eine Säure-Base-Reaktion ist eine Übertragung von Protonen. Den Übergang eines Protons von einer Säure zu einer Base bezeichnet man als *Protolyse.*

◆ Teilchen, die über einen Protonenübergang miteinander verknüpft sind, bezeichnet man als *konjugierte Säure-Base-Paare* (bzw. korrespondierende Säure-Base-Paare).

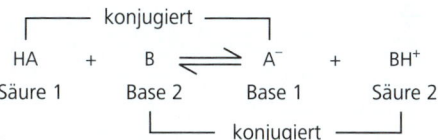

◆ Jede Protolyse, bei der die stärkere Säure ein Proton an die stärkere Base überträgt, führt zu einem *Protolysegleichgewicht.*

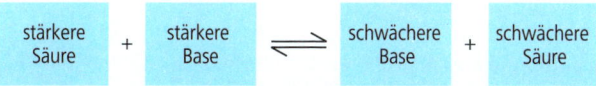

MERKE

Das Protolysegleichgewicht liegt stets auf der Seite der jeweils *schwächeren* Säure und Base.

BEISPIEL Bei der Bildung von Salzsäure ist das Chlorwasserstoffmolekül gegenüber dem Oxonium-Ion die stärkere Säure und das Wassermolekül gegenüber dem Chlorid-Ion die stärkere Base. Das Gleichgewicht liegt daher auf der rechten Seite.

Lewis-Säuren und -Basen

Nach einer erweiterten Definition von Gilbert N. Lewis, die nicht auf das Vorhandensein von Protonen beschränkt ist, sind Säuren Teilchen, deren Valenzschale unvollständig besetzt ist.

> Eine Säure ist ein Teilchen, dessen Valenzschale eine Elektronenlücke aufweist. Eine Base ist ein Teilchen, das zur Bildung einer ▶ Atombindung (s. Internet) ein Elektronenpaar zur Verfügung stellt.

BEISPIEL   Wasserfreies Aluminiumchlorid ($AlCl_3$) ist kein Salz, sondern eine Molekülverbindung mit einer Elektronenlücke. Als Lewis-Säure kann es mit einem Chlorid-Ion als Lewis-Base reagieren.

$$
\begin{array}{c}
\mathrm{Cl} \\
| \\
\mathrm{Cl - Al} \\
| \\
\mathrm{Cl}
\end{array}
\; + \; |\mathrm{Cl}^- \; \longrightarrow \;
\left[
\begin{array}{c}
\mathrm{Cl} \\
| \\
\mathrm{Cl - Al - Cl} \\
| \\
\mathrm{Cl}
\end{array}
\right]^-
$$

Die Lewis-Definition findet vor allem in der organischen Chemie Verwendung. Für anorganische Reaktionen genügt meist die Brönsted-Definition.

4.2   Protolysegleichgewichte

Die bei einer Protolyse sich einstellenden Gleichgewichte sind temperaturabhängig und liegen je nach Reaktionspartnern mehr auf der Seite der Produkte oder der Edukte.

Ionenprodukt des Wassers

Ein Wassermolekül kann nach Brönsted sowohl die Funktion einer Säure wie auch die einer Base übernehmen. Auch in *reinem* Wasser findet eine sogenannte *Autoprotolyse* (griech. *autos:* selbst) statt:

$$H_2O + H_2O \rightleftharpoons H_3O^+ + OH^-$$

Das Gleichgewicht liegt jedoch fast vollständig auf der Seite der Edukte:

$$K = \frac{c(H_3O^+) \cdot c(OH^-)}{c^2(H_2O)} = 3{,}3 \cdot 10^{-18} \text{ bei } T = 25\,°C.$$

Die Konzentration $c(H_2O)$ von nicht dissoziiertem Wasser ist daher gegenüber den Konzentrationen $c(H_3O^+)$ und $c(OH^-)$ so groß, dass sie mit der Gleichgewichtskonstanten K zu einer neuen Konstanten K_W zusammengefasst werden kann.

$$K_W = K \cdot c^2(H_2O) = c(H_3O^+) \cdot c(OH^-)$$

$$c(H_2O) = 55{,}35 \text{ mol/l}$$

$$K_W = 3{,}3 \cdot 10^{-18} \cdot (55{,}35 \text{ mol/l})^2 = \mathbf{10^{-14}} \, \mathbf{(mol/l)^2} \text{ bei } T = 25\,°C$$

> Die Konstante K_W bezeichnet man als das *Ionenprodukt* des Wassers.

In *reinem* Wasser sind gleich viele Oxonium-Ionen und Hydroxid-Ionen enthalten: $c(H_3O^+) = c(OH^-)$.
Daraus folgt bei 25 °C:

$$c(H_3O^+) = c(OH^-) = \sqrt{K_W} = 10^{-7} \text{ mol/l}.$$

Der pH-Wert

Bei wässrigen *Lösungen* ionischer Stoffe bleibt das Ionenprodukt des Wassers ebenfalls nahezu konstant, solange sie nicht zu konzentriert sind.
Ist die Konzentration $c(H_3O^+)$ in einer Lösung *größer* als in reinem Wasser, muss demnach $c(OH^-)$ entsprechend *kleiner* sein und umgekehrt.

BEISPIEL Das Gleichgewicht $HCl + H_2O \rightleftharpoons H_3O^+ + Cl^-$ liegt praktisch völlig auf der Seite der Produkte. Eine 0,1-molare Lösung von Salzsäure hat demnach ebenfalls eine Konzentration von $c(H_3O^+) = 0{,}1$ mol/l $= 10^{-1}$ mol/l. Daraus ergibt sich für die Konzentration der Hydroxid-Ionen

$$c(OH^-) = \frac{K_W}{c(H_3O^+)} = \frac{10^{-14}}{10^{-1}} \text{ mol/l} = 10^{-13} \text{ mol/l}.$$

> **MERKE**
>
> In *sauren* Lösungen ist die Konzentration der Oxonium-Ionen größer als die Konzentration der Hydroxid-Ionen.
> In *alkalischen* Lösungen ist die Konzentration der Hydroxid-Ionen größer als die Konzentration der Oxonium-Ionen.

Um zu entscheiden, ob und wie *stark* sauer bzw. alkalisch eine Lösung ist, genügt die Angabe entweder von $c(H_3O^+)$ oder $c(OH^-)$. Der *pH-Wert* überträgt die Beträge von $c(H_3O^+)$ in eine Skala positiver Zahlenwerte von 0–14. Dabei gilt:

> $pH = -\log_{10} c(H_3O^+)$ bzw. $-\lg c(H_3O^+)$.

BEISPIEL   Eine Salzsäure mit $c(H_3O^+) = 10^{-1}$ mol/l hat einen pH-Wert von 1.

Daraus folgt für die Einteilung des pH-Werts:

pH-Wert	$c(H_3O^+)$ in mol/l	$c(OH^-)$ in mol/l	Lösung ist
0–7	10^0–10^{-7}	10^{-14}–10^{-7}	sauer
7	10^{-7}	10^{-7}	neutral
7–14	10^{-7}–10^{-14}	10^{-7}–10^0	alkalisch

MERKE

Je stärker sauer eine Lösung, desto kleiner der pH-Wert, je alkalischer die Lösung, desto größer der pH-Wert.

Neben dem pH-Wert gibt es für $c(OH^-)$ den entsprechenden pOH-Wert:

> $pOH = -\lg c(OH^-)$ $pH + pOH = 14$

Stärke von Säuren und Basen

Die Stärke einer Brönsted-Säure bzw. -Base hängt davon ab, wie *stark* ihr Bestreben ist, Protonen abzugeben bzw. aufzunehmen. Entscheidend dafür ist der jeweilige *Reaktionspartner,* mit dem die Protolyse erfolgt. Der wichtigste ist das *Wasser,* da es die Funktion sowohl einer Säure wie auch einer Base übernehmen kann.

$HA + H_2O \rightleftharpoons A^- + H_3O^+$

$B + H_2O \rightleftharpoons BH^+ + OH^-$

Starke Säuren und Basen

Bei starken Säuren (HA) bzw. Basen (B) liegt das Gleichgewicht praktisch *vollständig* auf der Seite der Produkte.

BEACHTE Beim Lösen von Hydroxiden in Wasser findet *keine* Protolyse statt, da die Hydroxid-Ionen bereits im festen Hydroxid vorhanden sind.

Der pH-Wert von *starken* Säuren und Basen ist aufgrund der vollständigen Dissoziation *nur* durch die jeweilige Konzentration ihrer wässrigen Lösungen bestimmt.

BEISPIEL 1 Liter einer 0,5-molaren Salzsäure enthält auch 0,5 mol H_3O^+-Ionen. Der pH-Wert der Lösung beträgt demnach:
$pH = -\lg c(H_3O^+) = -\lg 0,5 = \mathbf{0,3}$.
1 Liter einer 0,5-molaren Natronlauge enthält auch 0,5 mol OH^--Ionen. Die Lauge hat einen pH-Wert von $14 - 0,3 = \mathbf{13,7}$.

Schwache Säuren und Basen

Bei schwachen Säuren und Basen ist die Dissoziation *nicht* vollständig. In der Lösung liegen somit undissoziierte Moleküle *und* Ionen vor.
Der pH-Wert lässt sich daher nicht allein aus der Konzentration der Säure bzw. Base berechnen. Man benötigt zusätzlich eine Information über die Lage des *Protolysegleichgewichts*:

$$K'_S = \frac{c(A^-) \cdot c(H_3O^+)}{c(HA) \cdot c(H_2O)}; \quad K'_B = \frac{c(BH^+) \cdot c(OH^-)}{c(B) \cdot c(H_2O)}.$$

Da auch hier die Konzentration von Wasser sehr viel größer ist als die Konzentration der Ionen, bleibt $c(H_2O)$ praktisch konstant und kann mit der Gleichgewichtskonstanten zu einer neuen Konstanten zusammengefasst werden:

$$K'_S \cdot c(H_2O) = K_S = \frac{c(A^-) \cdot c(H_3O^+)}{c(HA)};$$

$$K'_B \cdot c(H_2O) = K_B = \frac{c(BH^+) \cdot c(OH^-)}{c(B)}.$$

Die Konstante K_S bezeichnet man als *Säurekonstante,* die Konstante K_B bezeichnet man als *Basekonstante.* Für schwache Säuren bzw. Basen sind diese Konstanten sehr klein.

BEISPIEL Essigsäure ist eine schwache Säure. Bei 25 °C hat das Gleichgewicht $HAc + H_2O \rightleftharpoons H_3O^+ + Ac^-$ eine Säurekonstante von $K_S = 1{,}74 \cdot 10^{-5}$ mol/l.
Für die Reaktion $NH_3 + H_2O \rightleftharpoons NH_4^+ + OH^-$ ergibt sich bei 25 °C eine Basekonstante von $K_B = 1{,}78 \cdot 10^{-5}$ mol/l.

Wie beim pH-Wert werden Säure- und Basekonstante als negativer dekadischer Logarithmus angegeben:
$$pK_S = \lg K_S \qquad pK_B = -\lg K_B$$

BEISPIEL   Der pK_S-Wert von Essigsäure beträgt 4,76. Der pK_B-Wert von Ammoniak beträgt 4,75.

> Je *größer* der pK_S-Wert bzw. der pK_B-Wert, desto *schwächer* ist die betreffende Säure bzw. Base.

Zwischen dem pK_S-Wert einer Säure und dem pK_B-Wert der konjugierten Base besteht folgender einfacher Zusammenhang:

$pK_S + pK_B = 14$.

> Je stärker eine Säure, desto schwächer die konjugierte Base.

pH-Wert schwacher Säuren und Basen

Da bei der Protolyse einer Säure bzw. Base ebenso viele positive und negative Ionen entstehen, ist deren Konzentration jeweils gleich:

$c(A^-) = c(H_3O^+)$ $\qquad\qquad$ $c(BH^+) = c(OH^-)$

$c^2(H_3O^+) = K_S \cdot c(HA)$ $\qquad$ $c^2(OH^-) = K_B \cdot c(B)$

$c(H_3O^+) = \sqrt{K_S \cdot c(HA)}$ $\qquad$ $c(OH^-) = \sqrt{K_B \cdot c(B)}$

Bildet man bei beiden Gleichungen nun den negativen Logarithmus, erhält man den pH-Wert der Säurelösung bzw. den pOH-Wert der alkalischen Lösung[1]:

$pH = -\lg c(H_3O^+) = -\frac{1}{2}\lg K_S - \frac{1}{2}\lg c(HA)$

$pOH = -\lg c(OH^-) = -\frac{1}{2}\lg K_B - \frac{1}{2}\lg c(B)$

Mit den Definitionen $pK_S = -\lg K_S$ und $pK_B = -\lg K_B$ folgt:

> $pH = \frac{1}{2}[pK_S - \lg c(HA)]$
>
> $pOH = \frac{1}{2}[pK_B - \lg c(B)]$ $\qquad$ $pH = 14 - pOH$

Da die Konzentrationen der Ionen gegenüber den Konzentrationen der nicht dissoziierten Säure bzw. Base *sehr klein* sind, kann für $c(HA)$ bzw. $c(B)$ näherungsweise jeweils die *Ausgangs*konzentration c(Säure) bzw. c(Base) angesetzt werden.

---

1 Die Regeln des Logarithmierens sind nicht Gegenstand dieses Buches. Wer damit Probleme hat, sollte in einem Mathematikbuch nachlesen, z. B. im Pocket Teacher Abi Mathematik.

BEISPIEL   Eine 0,1-molare Essigsäure hat einen pH-Wert von

$$pH = \frac{1}{2} \cdot 4,76 - \frac{1}{2} \lg 0,1 = 2,38 - \frac{1}{2} \cdot (-1) = \mathbf{2,88}.$$

Eine 0,5-molare Ammoniaklösung hat den pOH-Wert von

$$pOH = \frac{1}{2} \cdot 4,75 - \frac{1}{2} \lg 0,5 = 2,38 - \frac{1}{2} \cdot (-0,3) = 2,53.$$

Der entsprechende pH-Wert ist pH = 14 − 2,53 = **11,47.**

pH-Wert von Salzlösungen

Viele Salzlösungen reagieren neutral, manche reagieren jedoch sauer bzw. alkalisch. Nach Brönsted übernimmt dabei das *Wasser* die Funktion einer *Base* bzw. einer *Säure.*

BEISPIEL   Natriumchlorid
Na^+-Ion: keine Reaktion mit Wasser
Cl^--Ion: extrem schwache Base, daher keine Protolyse
Eine Lösung von Natriumchlorid reagiert *neutral.*

BEISPIEL   Ammoniumchlorid
NH_4^+-Ion: reagiert als schwache Säure mit Wasser
$$NH_4^+ + H_2O \rightleftharpoons NH_3 + H_3O^+$$
Cl^--Ion: sehr schwache Base, daher keine Protolyse
Eine Lösung von Ammoniumchlorid reagiert *sauer.*

BEISPIEL   Natriumcarbonat
Na^+-Ion: keine Reaktion mit Wasser
CO_3^{2-}-Ion: reagiert als schwache Base mit Wasser
$$CO_3^{2-} + H_2O \rightleftharpoons HCO_3^- + OH^-$$
Eine Lösung von Natriumcarbonat reagiert *alkalisch.*

> Die Reaktion von Salzen mit Wasser bezeichnet man als **Hydrolyse.** Dabei entstehen je nach Ionenart *saure* bzw. *alkalische* Lösungen.

Pufferlösungen

Die *Mischung* aus einer schwachen Säure mit ihrer konjugierten Base bzw. einer schwachen Base mit ihrer konjugierten Säure zeigt die Eigenschaft, dass sich ihr pH-Wert bei Zugabe einer nicht zu großen Menge Oxonium-Ionen oder Hydroxid-Ionen kaum ändert.

Lösungen, deren pH-Wert gegenüber Säuren oder Laugen weitgehend stabil ist, bezeichnet man als **Pufferlösungen.**

BEISPIEL   Eine Mischung von Essigsäure und Natriumacetat bezeichnet man als *Acetatpuffer.* Das Natriumacetat liegt dabei vollständig in Ionen vor und liefert das Acetat-Ion als konjugierte *Base* zum Essigsäuremolekül.

BEISPIEL   Eine Mischung von Ammoniak und Ammoniumchlorid ist ein *Ammoniakpuffer.* Das Ammoniumchlorid liegt dabei vollständig in Ionen vor und liefert das Ammonium-Ion als konjugierte *Säure* zum Ammoniakmolekül.

pH-Wert von Puffern

Der pH-Wert einer Pufferlösung beruht auf dem jeweiligen Protolysegleichgewicht:

$$K_S = \frac{c(A^-) \cdot c(H_3O^+)}{c(HA)}; \qquad K_B = \frac{c(BH^+) \cdot c(OH^-)}{c(B)}.$$

In diesem Fall sind jedoch – anders als bei der reinen Säure bzw. Base – die Konzentrationen der jeweils vorliegenden Ionen *nicht* gleich:

$$c(H_3O^+) = K_S \cdot \frac{c(HA)}{c(A^-)}; \qquad c(OH^-) = K_B \cdot \frac{c(B)}{c(BH^+)}.$$

Logarithmieren führt zum pH-Wert bzw. pOH-Wert:

$$pH = pK_S + \lg \frac{c(A^-)}{c(HA)} \qquad pOH = pK_B + \lg \frac{c(BH^+)}{c(B)}.$$

Folgende Vereinfachungen können vorgenommen werden:

◆ Da sowohl die Säure HA als auch die Base B *wenig dissoziiert* sind, entspricht die Konzentration der nicht dissoziierten Säure bzw. Base der jeweiligen Ausgangskonzentration:

$c(HA) \approx c(Säure)$ bzw. $c(B) \approx c(Base)$

◆ Da das jeweils zugesetzte Salz *vollständig in Ionen vorliegt,* entspricht die Konzentration der konjugierten Base bzw. Säure der Konzentration des jeweils zugesetzten Salzes:

$c(A^-) \approx c(Salz)$ bzw. $c(BH^+) \approx c(Salz)$

Für eine Pufferlösung ergeben sich somit folgende *Puffergleichungen:*

$$pH = pK_S + \lg \frac{c(Salz)}{c(Säure)}; \qquad pOH = pK_B + \lg \frac{c(Salz)}{c(Base)}.$$

BEISPIEL Der pH-Wert eines Acetatpuffers aus jeweils 1 mol Essigsäure und Natriumacetat ist pH = 4,76 + lg 1 = **4,76**.
Der pOH-Wert eines Ammoniakpuffers aus jeweils 1 mol Ammoniak und Ammoniumchlorid ist pOH = 4,75 + lg 1 = 4,75. Daraus folgt ein pH-Wert von pH = 14 – pOH = **9,25**.

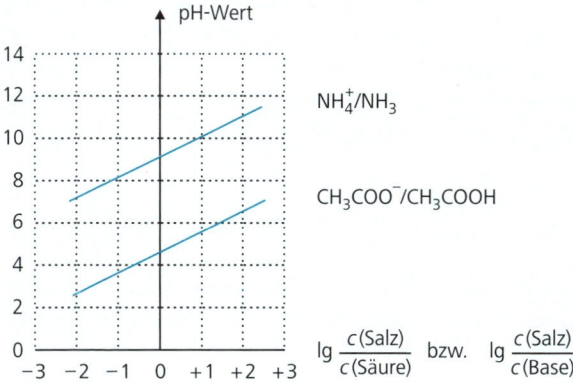

Wirkung von Puffern

Die Wirkung eines Puffers lässt sich am besten mit dem Ansatz der Gleichgewichtskonstanten aufzeigen:

$$K_S = \frac{c(A^-) \cdot c(H_3O^+)}{c(HA)}.$$

◆ **Zusatz von Säuren, d. h. Erhöhung von $c(H_3O^+)$**
Damit das Gleichgewicht erhalten und somit der Quotient konstant bleibt, reagieren die zugeführten Protonen mit einem entsprechenden Teil von A^- zu undissoziiertem HA.

◆ **Zusatz von Laugen, d. h. Erhöhung von $c(OH^-)$**
Die zugeführten Hydroxid-Ionen reagieren mit einem entsprechenden Teil von H_3O^+ zu Wassermolekülen. Damit das Gleichgewicht erhalten und somit der Quotient konstant bleibt, reagiert ein Teil von HA zu A^- und H_3O^+ nach.

Da die Konzentration sowohl von HA als auch von A^- gegenüber der von H_3O^+ sehr groß ist, machen sich deren Änderungen beim Zusatz von Säuren bzw. Laugen kaum bemerkbar.

BEISPIEL   Löst man 0,1 mol Chlorwasserstoff in 1 Liter *Wasser,* ändert sich die Konzentration der Oxonium-Ionen von $c(H_3O^+) = 10^{-7}$ auf $c(H_3O^+) = 10^{-1}$. Der pH-Wert sinkt also von 7 auf 1.

Löst man dieselbe Stoffportion Chlorwasserstoff in 1 Liter eines *Acetatpuffers* aus je 1 mol Essigsäure und Natriumacetat, so reagieren die zugeführten Oxonium-Ionen gemäß $CH_3COO^- + H_3O^+ \rightarrow CH_3COOH + H_2O$ mit 0,1 mol Acetat-Ionen zu 0,1 mol Essigsäure. Dadurch ergeben sich für beide Bestandteile des Puffers folgende neue Konzentrationen:

$c(Salz) = (1 - 0,1)\,mol/l = 0,9\,mol/l$

$c(Säure) = (1 + 0,1)\,mol/l = 1,1\,mol/l$

Daraus folgt für den pH-Wert der Lösung:

$$pH = pK_S + \lg \frac{0,9}{1,1} = 4,76 - 0,087 = \mathbf{4,67}$$

Der pH-Wert des Puffers von ursprünglich **4,76** hat sich demnach durch den Zusatz von Chlorwasserstoff kaum geändert.

In welchem Maße ein Puffer fähig ist, Änderungen des pH-Werts abzufangen, hängt von dem Verhältnis Salz/Säure bzw. Salz/Base ab. Am günstigsten ist ein Stoffmengenverhältnis von 1 : 1.

MERKE

Puffereigenschaften sind immer dann erforderlich, wenn der pH-Wert eines Stoffsystems durch äußere Einflüsse möglichst wenig geändert werden darf.

4.3 Neutralisation

Beim Vermischen *gleicher* Stoffmengen Salzsäure und Natronlauge entsteht eine *neutrale* Lösung von Natriumchlorid mit einem pH-Wert von 7. Die saure bzw. alkalische Wirkung der Ausgangsstoffe wird also durch diese *Neutralisation* aufgehoben.

Die Neutralisation ist eine Reaktion von Oxonium-Ionen mit Hydroxid-Ionen zu Wassermolekülen:

$H_3O^+ + OH^- \rightleftharpoons 2\,H_2O$

BEACHTE   Da das Gleichgewicht praktisch vollständig auf der Produktseite liegt (▶ Autoprotolyse des Wassers, S. 46), verläuft die Wasserbildung quantitativ.

Das Anion der Säure (z. B. das Chlorid-Ion der Salzsäure) und das Kation der Lauge (z. B. das Natrium-Ion der Natronlauge) sind an der Neutralisation *nicht* beteiligt.

Dies gilt nur für den Fall, dass sowohl die Säure als auch die Lauge *vor* der Neutralisation vollständig in Ionen vorliegen, d. h. *vollständig* dissoziiert sind.

Neutralisation schwacher Säuren und Basen

Schwache Säuren und Basen zeigen bei der Neutralisation ein anderes Verhalten:

◆ Da die Oxonium- bzw. Hydroxid-Ionen während der Neutralisation laufend aus dem Protolysegleichgewicht entfernt werden, müssen diese in gleichem Maße durch weitere Dissoziation nachgeliefert werden.

◆ Die nach erfolgter Neutralisation vorliegende Salzlösung ist nicht neutral, da eines der Ionen (oder beide) mit Wassermolekülen als Brönsted-Säure bzw. Brönsted-Base (▶ S. 43) reagiert.

BEISPIELE

◆ In einer wässrigen Lösung von Essigsäure sind nur wenige Oxonium-Ionen enthalten. Während einer Neutralisation mit Natronlauge werden diese aus dem Gleichgewicht entfernt und daher durch Protolyse von Essigsäuremolekülen nachgeliefert. Die nach erfolgter Neutralisation entstandene Lösung von Natriumacetat reagiert *alkalisch*, da das Acetat-Ion mit Wasser reagiert.

$$Ac^- + H_2O \rightleftharpoons HAc + OH^-$$

◆ In einer wässrigen Lösung von Ammoniak sind nur wenige Hydroxid-Ionen enthalten. Während einer Neutralisation mit Salzsäure werden diese aus dem Gleichgewicht entfernt und daher durch Protolyse von Ammoniakmolekülen nachgeliefert. Die nach erfolgter Neutralisation entstandene Lösung von Ammoniumchlorid reagiert *sauer*, da das Ammonium-Ion mit Wasser reagiert.

$$NH_4^+ + H_2O \rightleftharpoons NH_3 + H_3O^+$$

Die Änderung des pH-Werts einer Lösung bei Zugabe von Säure bzw. Lauge wird durch eine *Titrationskurve* dargestellt:

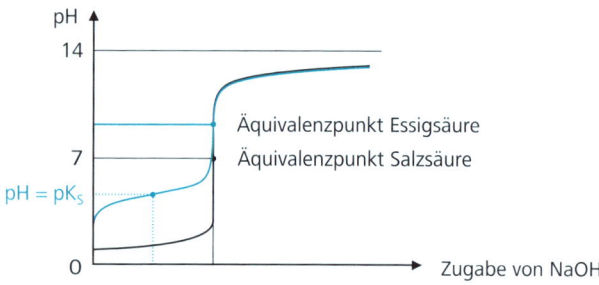

Der ***Äquivalenzpunkt*** bezeichnet den Punkt, bei dem weder ein Über-
schuss an Säure noch an Lauge vorliegt. Bei einer schwachen Säure liegt der
Äquivalenzpunkt im *alkalischen* Bereich, bei einer schwachen Base liegt der
Äquivalenzpunkt im *sauren* Bereich.

In der Titrationskurve schwacher Säuren und Basen gibt es neben dem Äquivalenzpunkt einen weiteren Wendepunkt. An dieser Stelle hat gerade die
Hälfte der Säure bzw. Base zur entsprechenden konjugierten Base bzw. Säure
reagiert. Da in diesem Fall eine Pufferlösung im Verhältnis 1 : 1 vorliegt, entspricht der pH-Wert bzw. pOH-Wert nach der ▶ Puffergleichung (S. 52) dem
pK_S-Wert bzw. pK_B-Wert der Säure bzw. Base.

BEACHTE   Titrationskurven von Säuren, deren Moleküle mehrere Protonen abspalten können, enthalten entsprechend mehrere Äquivalenzpunkte.

Titration von Säuren und Basen

Unter einer ***Titration*** versteht man ein *quantitatives* Messverfahren, mit dessen Hilfe die zunächst unbekannte Konzentration einer Lösung ermittelt
werden kann.
Bei einer *Neutralisationstitration* wird z. B. die gesuchte Konzentration einer
Säure mithilfe eine Lauge bekannter Konzentration bestimmt.

Indikatoren

Zur Ermittlung des Äquivalenzpunktes benötigt man einen ***Säure-Base-In-
dikator.*** Dieser ist häufig eine schwache Säure, die eine *andere Farbe* hat als
ihre jeweilige konjugierte Base.

$$HIn \ + \ H_2O \ \rightleftharpoons \ In^- \ + \ H_3O^+$$

Im *sauren* Bereich liegt das Gleichgewicht auf der *linken* Seite, der Indikator zeigt die Farbe der nicht dissoziierten Säure.

Im *alkalischen* Bereich liegt das Gleichgewicht auf der *rechten* Seite, der Indikator zeigt die Farbe der konjugierten Base.

Bei der Titration einer Säure mit einer Lauge in Gegenwart eines Indikators erfolgt daher ein *Farbumschlag*, wenn die Konzentrationen von undissoziiertem Indikator $c(HIn)$ und Indikatoranion $c(In^-)$ gleich sind. Dann gilt: $pH = pK_{S,Ind.}$.

In der Nähe dieses Umschlagpunktes bewirkt eine *geringe* Änderung des pH-Werts eine *große* Änderung des Verhältnisses HIn/I^-. Der genannte Farbumschlag erfolgt daher in einem engen pH-Bereich.

Indikator	Farbumschlag pH-Bereich	Farbänderung	
		sauer	alkalisch
Methylrot	4,4–6,2	rot	gelb
Methylorange	3,0–4,4	rot	orange
Phenolphthalein	8,4–10,0	farblos	lilarosa
Lackmus	5,0–8,0	rot	violett

Wahl des Indikators

Bei einer Titration benötigt man zur Bestimmung des Äquivalenzpunktes einen geeigneten Indikator, dessen Farbumschlag innerhalb des pH-Bereichs liegt, in dem die Titrationskurve *senkrecht* verläuft.

MERKE

◆ Die Titrationskurve von *starken* Säuren mit *starken* Basen verläuft über einen sehr großen pH-Bereich senkrecht.
  Zur Bestimmung des Äquivalenzpunktes kann daher *jeder* der angegebenen Indikatoren verwendet werden.

MERKE

◆ Zur Bestimmung des Äquivalenzpunktes von *starker* Säure und *schwacher* Base benötigt man einen Indikator, dessen Farbumschlag im *sauren* Bereich liegt.
◆ Zur Bestimmung des Äquivalenzpunktes von *starker* Base und *schwacher* Säure benötigt man einen Indikator, dessen Farbumschlag im *alkalischen* Bereich liegt.

Durchführung der Titration

Zur Bestimmung einer Säure bzw. Lauge benötigt man folgende Geräte:

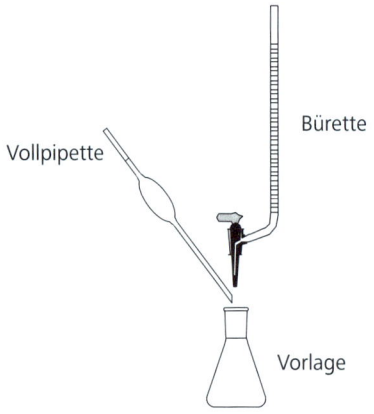

Vollpipette

Bürette

Vorlage

◆ eine *Pipette* zum Abmessen eines bestimmten Volumens der Säure bzw. Lauge unbekannter Konzentration,
◆ eine *Bürette* zur Aufnahme der *Messlösung* bekannter Konzentration,
◆ einen *Erlenmeyerkolben* (Vorlage) zur Aufnahme der Probelösung und der Messlösung.

Nach Zugabe eines für die Titration geeigneten Indikators lässt man aus der Bürette so lange Messlösung zur Probelösung tropfen, bis der gewünschte Farbumschlag erfolgt ist. Das verbrauchte Volumen wird notiert.

BEISPIEL   Eine Essigsäure unbekannter Konzentration wird mit 0,1-M Natronlauge unter Zusatz von Phenolphthalein als Indikator titriert.

Gemessene Größen
- Konzentration der Natronlauge: $c_M = 0{,}1$ mol/l
- umgesetztes Volumen von Natronlauge: $V_M = 25$ ml
- abgemessenes Volumen von Essigsäure: $V_P = 10$ ml

Berechnung der Konzentration c_P:
- umgesetzte Stoffmenge von Natronlauge:

$n_M = c_M \cdot V_M = 0{,}1$ mol/l $\cdot\ 25 \cdot 10^{-3}$ l $= 2{,}5 \cdot 10^{-3}$ mol

Da die Natronlauge vollständig dissoziiert ist, entspricht dieser Betrag der umgesetzten Stoffmenge Hydroxid-Ionen. Diese wiederum haben mit derselben Stoffmenge Oxonium-Ionen reagiert, die aus derselben Stoffmenge Essigsäure stammen.
Daher gilt:

$n_P = n_M$

$c_P \cdot V_P = c_M \cdot V_M$

$c_P = \dfrac{c_M \cdot V_M}{V_P} = \dfrac{2{,}5 \cdot 10^{-3}\ \text{mol}}{10 \cdot 10^{-3}\ \text{l}} = 0{,}25$ mol/l.

Mithilfe der ▶ molaren Masse von Essigsäure kann auch die ▶ Massenkonzentration β berechnet werden:

$\beta = \dfrac{m}{V}$ und $M = \dfrac{m}{n}$

$\beta = \dfrac{M \cdot n}{V} = M \cdot c$

M (Essigsäure) $= 60$ g/mol

$\beta = 60$ g/mol $\cdot\ 0{,}25$ mol/l $= 15$ g/l

5 Oxidation und Reduktion

5.1 Redoxreaktionen

Eine *Redoxreaktion* besteht aus zwei Teilreaktionen: einer Oxidation und einer Reduktion. Die Oxidation ist eine Elektronen*abgabe*, die Reduktion ist eine Elektronen*aufnahme*.

BEISPIEL Bei der Verbrennung von Magnesium werden Magnesiumatome oxidiert und Sauerstoffatome reduziert. Dabei gibt jedes Magnesiumatom zwei *Elektronen* an jeweils ein Sauerstoffatom ab.

$$2\,Mg \rightarrow 2\,Mg^{2+} + 4\,e^- \qquad \text{Oxidation}$$
$$O_2 + 4\,e^- \rightarrow 2\,O^{2-} \qquad \text{Reduktion}$$

$$2\,Mg + O_2 \rightarrow 2\,MgO \qquad \text{Redoxreaktion}$$

Redoxgleichgewichte

Im Unterschied zur ursprünglichen Definition von „Oxidation" und „Reduktion" gibt es auch Redoxreaktionen, an denen kein Sauerstoff beteiligt ist.

BEISPIEL Taucht man einen Eisennagel in eine Lösung von Kupfersulfat, überzieht sich dieser nach kurzer Zeit mit einer Schicht aus elementarem Kupfer. Dabei gibt jedes Eisenatom *zwei Elektronen* an jeweils ein Kupfer-Ion ab.

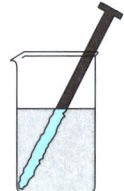

$$Fe \rightarrow Fe^{2+} + 2\,e^- \qquad \text{Oxidation}$$
$$Cu^{2+} + 2\,e^- \rightarrow Cu \qquad \text{Reduktion}$$

$$Fe + Cu^{2+} \rightarrow Fe^{2+} + Cu \qquad \text{Redoxreaktion}$$

> Ein Teilchen, das Elektronen abgibt, ist ein *Elektronendonator*. Ein Teilchen, das Elektronen aufnimmt, ist ein *Elektronenakzeptor*.

Ein Elektronendonator reduziert den Reaktionspartner und ist deshalb ein *Reduktionsmittel*. Ein Elektronenakzeptor oxidiert den Reaktionspartner und ist deshalb ein *Oxidationsmittel*.
Eine Redoxreaktion ist daher *immer* eine Reaktion von einem Reduktionsmittel mit einem Oxidationsmittel.

Welches Teilchen bei einer Redoxreaktion das Reduktionsmittel bzw. das Oxidationsmittel ist, hängt davon ab, welcher der beiden Reaktionspartner das größere Bestreben hat, Elektronen abzugeben bzw. aufzunehmen (▶ Redoxreihe S. 69).

BEISPIEL Taucht man ein Kupferblech in eine Lösung von Silbernitrat, überzieht sich dieses mit einer Schicht aus elementarem Silber. In diesem Falle hat *Kupfer* das größere Bestreben, Elektronen abzugeben, ist also das Reduktionsmittel, die Silber-Ionen sind das Oxidationsmittel.

$Cu + 2\,Ag^+ \rightarrow Cu^{2+} + 2\,Ag$

Bei einer Redoxreaktion wird aus dem Reduktionsmittel ein Oxidationsmittel und aus dem Oxidationsmittel ein Reduktionsmittel. Beide Seiten bilden ein *Redoxgleichgewicht.*

◆ Eine Redoxreaktion ist eine *Übertragung* von Elektronen.
◆ Teilchen, die über eine Elektronenabgabe bzw. Elektronenaufnahme miteinander verknüpft sind, bilden jeweils ein *konjugiertes Redoxpaar.*

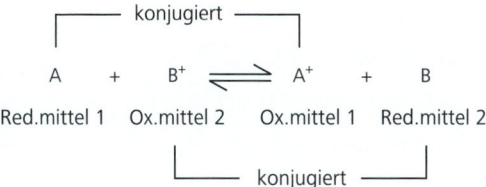

MERKE

Das Redoxgleichgewicht liegt stets auf der Seite des jeweils schwächeren Reduktionsmittels und Oxidationsmittels.

| stärkeres Reduktions- mittel | + | stärkeres Oxidations- mittel | ⇌ | schwächeres Oxidations- mittel | + | schwächeres Reduktions- mittel |

BEACHTE Die Definition einer Redoxreaktion folgt *demselben* Prinzip wie die Definition einer ▶ Säure-Base-Reaktion nach Brönsted (S. 43). Eine Redoxreaktion ist eine Übertragung von *Elektronen,* eine Säure-Base-Reaktion ist eine Übertragung von *Protonen* (Donator-Akzeptor-Prinzip).

Oxidationszahlen

Wasserstoff und Chlor reagieren in einer stark exothermen Reaktion zu Chlorwasserstoff:

$H_2 + Cl_2 \rightarrow 2\,HCl.$

Diese Reaktion ist ebenfalls eine Redoxreaktion, obwohl hierbei kein eigentlicher Elektronenübergang erfolgt ist: Im Chlorwasserstoffmolekül ist das Wasserstoffatom mit dem Chloratom durch ein gemeinsames Elektronenpaar verbunden.

Um in die Definition der Redoxreaktion auch solche Reaktionen einbeziehen zu können, bei denen Moleküle beteiligt sind, wurde der Begriff der *Oxidationszahl* eingeführt.

Die Oxidationszahl bezeichnet die tatsächliche bzw. formale Ladung eines Atoms innerhalb einer Verbindungseinheit. Sie wird durch eine Zahl mit vorangestellter formaler Ladung gekennzeichnet.

> Atome und Moleküle von Elementen, die nicht mit anderen Stoffen verbunden sind, haben die Oxidationszahl ± 0.

BEISPIEL   Mg, Fe, O_2, H_2, Cl_2

> Die Oxidationszahl von einatomigen Ionen in Ionenverbindungen entspricht ihrer jeweiligen tatsächlichen Ladung.

BEISPIEL   Im Magnesiumchlorid hat Mg^{2+} die Oxidationszahl +2, Cl^- hat die Oxidationszahl –1.

$$\overset{+2}{Mg^{2+}} \quad \overset{2 \cdot (-1)\,=\,-2}{2\ Cl^-}$$

> Bei Atomen in *Molekülverbindungen* wird die negative Ladung formal dem jeweils ▶ elektronegativeren Partner (Elektronegativität s. Internet) zugeordnet. Die Oxidationszahl des gesuchten Elements ergibt sich aus der *Summe* der restlichen Oxidationszahlen.

BEACHTE   Sauerstoff hat (in der Regel) die Oxidationszahl –2 und Wasserstoff die Oxidationszahl +1.

BEISPIEL Im Kohlenstoffdioxid CO_2 hat Kohlenstoff die Oxidationszahl $2 \cdot (+2) = +4$. Bei Schwefelwasserstoff H_2S hat Schwefel die Oxidationszahl $2 \cdot (-1) = -2$.

$$\underset{\text{C}}{\overset{+4}{}} \quad \underset{\text{O}_2}{\overset{2 \cdot (-2) = -4}{}} \quad \underset{\text{H}_2}{\overset{2 \cdot (+1) = +2}{}} \quad \underset{\text{S}}{\overset{-2}{}}$$

> Die Summer der Oxidationszahlen aller Atome einer Verbindung ist *null*.

Damit lässt sich die Oxidationszahl eines beliebigen Atoms in einem Molekül berechnen: Sie ergibt sich aus der Summe der restlichen Oxidationszahlen mit dem umgekehrten Vorzeichen.

BEISPIEL Bei der Schwefelsäure H_2SO_4 ist Sauerstoff gegenüber Schwefel *elektronegativer,* Wasserstoff gegenüber Schwefel jedoch *elektropositiver*. Die Summe der „Ladungen" von Wasserstoff und Sauerstoff ist: $2 \cdot (+1) + 4 \cdot (-2) = -6$. Daher ist die Oxidationszahl von Schwefel in der Schwefelsäure $+6$.

> In elektrisch *geladenen* Molekül-Ionen entspricht die Ladung des Ions der Summe der Oxidationszahlen aller miteinander verbundenen Atome.

BEISPIEL Im Ammonium-Ion NH_4^+ hat Stickstoff die Oxidationszahl -3, im Nitrat-Ion NO_3^- die Oxidationszahl $+5$:

In den Molekülen von *organischen Stoffen* wird den miteinander verbundenen Kohlenstoffatomen ebenfalls eine Oxidationszahl zugeordnet.

> Kohlenstoff ist gegenüber Wasserstoff *elektronegativer* und gegenüber Sauerstoff *elektropositiver*.
> Zwischen den Kohlenstoffatomen in einer C–C-Kette wird *keine* Ladungszuordnung vorgenommen.

BEISPIEL Im Ethanol besteht die Kohlenstoffkette aus zwei Kohlenstoffatomen. Am ersten ist die Summe der „Ladungen" von Wasserstoff + 3. Die Oxidationszahl dieses Kohlenstoffatoms ist demnach – 3. Am zweiten Kohlenstoffatom ist die Summe der „Ladungen" von Wasserstoff und Sauerstoff +1. Die Oxidationszahl dieses Kohlenstoffatoms ist daher –1.

$$\overset{+1}{H} - \overset{-3}{\underset{\underset{+1}{|}}{\overset{\overset{+1}{H}}{\underset{H}{|}}}} \overset{-1}{\underset{\underset{+1}{|}}{\overset{\overset{+1}{H}}{\underset{H}{|}}}} - \overset{-2}{O} - \overset{+1}{H}$$

BEACHTE Bei einer *Oxidation* wird die Oxidationszahl *erhöht,* bei einer *Reduktion* wird die Oxidationszahl *erniedrigt.*

Redoxgleichungen

Das Aufstellen von Redoxgleichungen ist oft schwierig, wenn man nicht weiß, in welchem Verhältnis die Reaktionspartner miteinander reagieren. Mithilfe der Oxidationszahlen lässt sich jedoch dieses Problem lösen.

Vor dem Erstellen einer Redoxgleichung muss man wissen,
- ◆ welches Oxidations- und Reduktionsprodukt entsteht.
- ◆ ob die Reaktion in einem sauren, alkalischen oder neutralen Medium stattfindet.

Zum Erstellen einer Redoxgleichung sollte man
- ◆ für jedes Atom, das am Redoxprozess teilnimmt, die Oxidationszahl ermitteln.
- ◆ die jeweilige Änderung der Oxidationszahl als Anzahl der abgegebenen bzw. aufgenommenen Elektronen notieren.
- ◆ getrennte Gleichungen für die Reduktion und die Oxidation aufstellen und ggf. das Medium einbeziehen, damit die Gleichung „aufgeht".

- Reduktions- und Oxidationsgleichung einander anpassen, sodass die Anzahl Elektronen, die bei der Reduktionsgleichung benötigt werden, durch die Oxidationsgleichung geliefert werden.
- beide Gleichungen zusammenfassen, um die fertige Redoxgleichung zu erhalten.

BEISPIEL   Zur Darstellung von elementarem Chlor wird konzentrierte Salzsäure auf festes Kaliumpermanganat getropft.
Chlorid-Ionen werden dabei zu *Chlormolekülen* oxidiert, *Permanganat-Ionen* werden zu *Mn²⁺-Ionen* reduziert. Die Reaktion findet in einem *sauren Medium* statt.

	Oxidationszahl von	
	Chlor	**Mangan**
Cl^-	−1	
Cl_2	±0	
MnO_4^-		+7
Mn^{2+}		+2

Oxidation: $2\,Cl^- \rightarrow Cl_2 + \mathbf{2\,e^-}$

Reduktion: $MnO_4^- + \mathbf{5\,e^-} + 8\,H^+ \rightarrow Mn^{2+} + 4\,H_2O$ [1]

Da die Anzahl der abgegebenen und aufgenommenen Elektronen *gleich* sein muss, wird die Oxidationsgleichung mit **5** multipliziert und die Reduktionsgleichung mit **2** multipliziert:

Oxidation: $10\,Cl^- \rightarrow 5\,Cl_2 + \mathbf{10\,e^-}$

Reduktion: $2\,MnO_4^- + \mathbf{10\,e^-} + 16\,H^+ \rightarrow 2\,Mn^{2+} + 8\,H_2O$

Die Addition beider Teilgleichungen ergibt die endgültige Redoxgleichung:

$10\,Cl^- + 2\,MnO_4^- + 16\,H^+ \rightarrow 5\,Cl_2 + 2\,Mn^{2+} + 8\,H_2O$

BEACHTE   Sehr häufig entscheidet die *Art* des Mediums darüber, welches Oxidations- bzw. Reduktionsprodukt entsteht. So werden z. B. Permanganat-Ionen im *neutralen* Medium zu Mangan(IV)-oxid (Braunstein) reduziert.

$MnO_4^- + \mathbf{3\,e^-} + 2\,H_2O \rightarrow MnO_2 + 4\,OH^-$

---

1 Das Oxonium-Ion des sauren Mediums kann vereinfacht als Proton (H^+) dargestellt werden.

BEISPIEL Alcotest-Röhrchen zur Überprüfung der Fahrtüchtigkeit enthalten etwas Schwefelsäure und Kaliumdichromat. Bei Anwesenheit von Ethanol verfärbt sich der Inhalt des Röhrchens von Rot nach Grün.

Ethanol wird dabei zu *Ethanal* oxidiert, *Dichromat-Ionen* werden zu Cr^{3+}-*Ionen* reduziert. Die Reaktion findet in einem *sauren Medium* statt.

	Oxidationszahl von	
	Kohlenstoff	**Chrom**
Ethanol	−1	
Ethanal	+1	
$Cr_2O_7^{2-}$		+6
Cr^{3+}		+3

Die Oxidation des Ethanolmoleküls erfolgt nur am Kohlenstoffatom, das die Hydroxygruppe trägt. An diesem Kohlenstoffatom entsteht die Aldehydgruppe von Ethanal.

Daher findet dort auch eine Änderung der Oxidationszahl statt:

$$\overset{+1}{H} - \overset{+1}{\underset{+1}{\overset{\overset{\displaystyle H}{|}}{\underset{\underset{\displaystyle H}{|}}{C}}}} \overset{-3}{} - \overset{+1}{\underset{+1}{\overset{\overset{\displaystyle H}{|}}{\underset{\underset{\displaystyle H}{|}}{C}}}} \overset{-1}{} - \overset{-2}{O} - \overset{+1}{H} \qquad \overset{+1}{H} - \overset{-3}{\underset{+1}{\overset{\overset{\displaystyle H}{|}}{\underset{\underset{\displaystyle H}{|}}{C}}}} - \overset{+1}{C} \overset{-2}{O}, \overset{+1}{H}$$

Oxidation: $CH_3 - CH_2 - OH \rightarrow CH_3 - CH = O + \mathbf{2\,e^-} + 2\,H^+$
Reduktion: $Cr_2O_7^{2-} + \mathbf{6\,e^-} + 14\,H^+ \rightarrow 2\,Cr^{3+} + 7\,H_2O$

Zum Ausgleich der Elektronen wird die Oxidationsgleichung mit **3** multipliziert, die Reduktionsgleichung bleibt unverändert:

Oxidation: $3\,CH_3 - CH_2 - OH \rightarrow 3\,CH_3 - CH = O + \mathbf{6\,e^-} + 6\,H^+$
Reduktion: $Cr_2O_7^{2-} + \mathbf{6\,e^-} + 14\,H^+ \rightarrow 2\,Cr^{3+} + 7\,H_2O$

Die Addition beider Teilgleichungen ergibt die endgültige Redoxgleichung:

$3\,CH_3 - CH_2 - OH + Cr_2O_7^{2-} + 8\,H^+ \rightarrow 3\,CH_3 - CH = O + 2\,Cr^{3+} + 7\,H_2O.$

BEISPIEL   Hydrochinon dient als fotografischer Entwickler. Dabei werden *Silber-Ionen* im *alkalischen Medium* zu *elementarem Silber* reduziert, das *Hydrochinon* zu *p-Chinon* oxidiert (▶ S. 100).

	Oxidationszahl von	
	Kohlenstoff	**Silber**
Hydrochinon	+1	
p-Chinon	+2	
Ag$^+$		+1
Ag		±0

Die Oxidation des Hydrochinonmoleküls erfolgt an den beiden Kohlenstoffatomen, die die Hydroxygruppe tragen. An diesen Kohlenstoffatomen findet auch eine Änderung der Oxidationszahl statt:

Die Reduktionsgleichung wird zum Ausgleich der Elektronen mit 2 multipliziert und beide Teilgleichungen zur Redoxgleichung zusammengefasst:

5.2 Korrosion

Unter *Korrosion* versteht man allgemein die Zerstörung eines Werkstoffs durch äußere Einflüsse. Man unterscheidet grundsätzlich zwei Arten der Korrosion:

Die *mechanische Korrosion* ist eine Zerstörung durch Druck- und Temperatureinflüsse sowie durch mechanische Schwingungen.

BEISPIEL Gefrierendes Wasser führt auf asphaltierten Straßen zu Frostschäden. Hohes Verkehrsaufkommen versetzt Brücken in erhöhte Schwingungen und führt zu Rissen im Beton.

Die *chemische Korrosion* ist eine Zerstörung durch chemische Einflüsse, vor allem durch Säuren und durch Sauerstoff aus der Luft.

BEISPIEL Auspuffe aus Metall werden durch die sauren Abgase brüchig. Eisen beginnt an feuchter Luft zu rosten.

Säurekorrosion

Wässrige Lösungen von Säuren sollten nicht in Metallbehältern transportiert oder aufbewahrt werden, da diese möglicherweise mit der Säure reagieren und dadurch undicht werden.

BEISPIEL Salzsäure reagiert mit Eisen unter Wasserstoffentwicklung.
$Fe + 2 H^+ \rightarrow Fe^{2+} + H_2\uparrow$.
Die Reaktion von Metallen mit Oxonium-Ionen[2] ist eine *Redoxreaktion:* Das Metallatom gibt Elektronen ab, wird also oxidiert, das Proton nimmt ein Elektron auf, wird also reduziert.

---

2 vereinfacht dargestellt als Proton (H^+)

Metalle wie z. B. Kupfer, Silber und Gold werden auf diese Weise nicht angegriffen, da sie eine geringere Neigung haben, Elektronen abzugeben als Wasserstoff.

Andererseits haben diese Metalle in ihren Verbindungen das Bestreben, Wasserstoff und andere Metalle zu oxidieren.

Wasserstoff und Metalle haben ein *unterschiedliches* Bestreben, Elektronen abzugeben. Entsprechend haben ihre Ionen ein unterschiedliches Bestreben, Elektronen aufzunehmen. Auf dieser Grundlage lässt sich folgende *Redoxreihe* aufstellen:

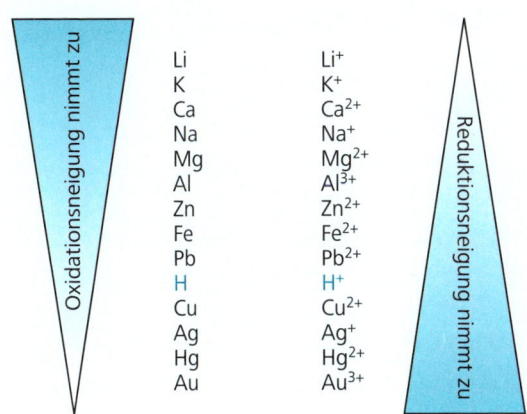

Oxidationsneigung nimmt zu		Reduktionsneigung nimmt zu
Li	Li^+	
K	K^+	
Ca	Ca^{2+}	
Na	Na^+	
Mg	Mg^{2+}	
Al	Al^{3+}	
Zn	Zn^{2+}	
Fe	Fe^{2+}	
Pb	Pb^{2+}	
H	H^+	
Cu	Cu^{2+}	
Ag	Ag^+	
Hg	Hg^{2+}	
Au	Au^{3+}	

Metalle, die eine *geringere* Neigung haben, Elektronen abzugeben als Wasserstoff, bezeichnet man als **Edelmetalle.** Metalle, die eine *größere* Neigung haben, Elektronen abzugeben als Wasserstoff, bezeichnet man als **unedle Metalle.**

MERKE

Gegenstände aus unedlen Metallen werden durch Einwirkung saurer Flüssigkeiten oxidiert. Diesen Vorgang nennt man **Säurekorrosion.**

Sauerstoffkorrosion

Eisen ist einer der wichtigsten Werkstoffe, der jedoch leider die Eigenschaft hat, an feuchter Luft zu rosten.

Im ersten Schritt wird in einer Redoxreaktion das Eisen oxidiert und der in der Luft vorhandene Sauerstoff reduziert:

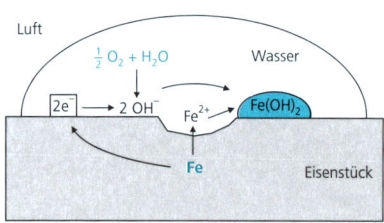

Oxidation: $2\,Fe \rightarrow 2\,Fe^{2+} + 4\,e^-$

Reduktion: $O_2 + 2\,H_2O + 4\,e^- \rightarrow 4\,OH^-$

Die bei der Redoxreaktion entstandenen Eisen- und Hydroxid-Ionen sind in der wässrigen Lösung frei beweglich und reagieren zu unlöslichem Eisen(II)-hydroxid.

$2\,Fe^{2+} + 4\,OH^- \rightarrow 2\,Fe\,(OH)_2$

Da auch Eisen(II)-verbindungen eine große Oxidationsneigung haben, reagiert das Eisen(II)-hydroxid mit weiterem Sauerstoff zu einer rostbraunen Eisen(III)-verbindung:

$2\,Fe\,(OH)_2 + \frac{1}{2}\,O_2 \rightarrow 2\,FeO\,(OH) + H_2O.$

Der entstandene Rost bildet auf der Metalloberfläche eine poröse Schicht und ist deshalb wasser- und luftdurchlässig. Aus diesem Grund setzt sich der Rostvorgang fort, bis das gesamte Metall korrodiert ist.

BEACHTE Die Oberfläche von Aluminium wird durch Sauerstoff ebenfalls oxidiert. Das dabei entstehende *Aluminiumoxid* bildet jedoch eine dichte luft- und wasserundurchlässige Schicht. Dadurch wird das Metall vor weiterer Korrosion geschützt.

Kontaktkorrosion

Korrosionsvorgänge dieser Art finden immer dort statt, wo zwei *verschiedene* Metalle in direktem Kontakt sind und mit einem elektrolyt- bzw. sauerstoffhaltigen Medium in Berührung kommen. Es entsteht ein sogenanntes *Lokalelement.* Dabei korrodiert immer das Metall, das in der ▶ Redoxreihe (S. 69) das *unedlere* ist.

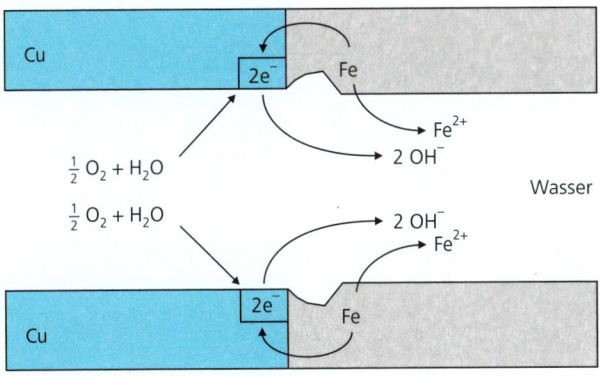

Die bei der Oxidation vom unedleren Metall abgegebenen Elektronen werden vom edleren Metall abgeleitet und für die Reduktion des Mediums zur Verfügung gestellt. Daraus folgt:

- ◆ Das unedlere Metall korrodiert bevorzugt an der Kontaktfläche zum edleren Metall.
- ◆ Das edlere Metall wird durch die Abgabe „fremder" Elektronen an das Medium vor der eigenen Korrosion geschützt.

BEACHTE Die Korrosion des Eisens findet normalerweise auch *ohne* die Anwesenheit des edleren Kupfers statt, wird jedoch durch den Kontakt zum Kupfer verstärkt.

Korrosionsschutz

Um Metalle vor Korrosion zu schützen, überzieht man sie mit einer Schicht aus einem *unedleren* Metall. Diese Funktion ist auch dann noch wirksam, wenn die Schutzschicht Löcher bzw. Risse hat.

BEISPIEL Verzinkte Eisenrohre sind besser gegen Rosten geschützt als nicht verzinkte Rohre. Dringt das korrodierende Medium bis zum Eisen vor, wird es durch das unedlere Zink geschützt, das dabei in Lösung geht.

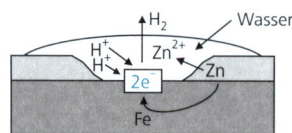

MERKE

Ein Metallteil, das zum Schutz eines anderen Metalls gegen Korrosion oxidiert wird und dabei in Lösung geht, bezeichnet man als **Opferanode**.

Andererseits kann das Überziehen eines Metalls mit einem *edleren* Metall genau das Gegenteil bewirken: Das Metall korrodiert besonders stark dort, wo die „Schutzschicht" verletzt ist.

BEISPIEL Konservendosen für Lebensmittel bestehen aus Eisen, das wegen dessen Anfälligkeit gegenüber Säuren mit einer Schutzschicht aus Zinn überzogen ist. Wird die Oberfläche beschädigt, kann die Dose undicht werden, weil Eisen als unedleres Metall korrodiert.

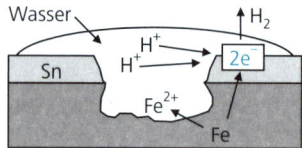

5.3 **Elektrochemie**

Redoxreaktionen lassen sich auch technisch nutzen. In diesem Fall verläuft der Elektronenübergang zwischen den Redoxpaaren als *Stromfluss* über einen *elektrischen Leiter*.

Ein Teil der bei diesen Reaktionen auftretenden Enthalpieänderung ΔH_R (▶ S. 10) wird dabei in elektrische Energie umgesetzt.

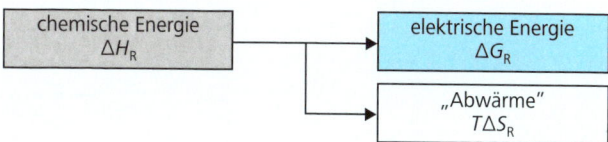

Galvanische Elemente

Taucht man ein Zink- und ein Kupferblech in verdünnte Schwefelsäure, so lässt sich zwischen beiden Metallen eine *elektrische Spannung* messen. Verbindet man beide Pole über Leiterkabel mit einem elektrischen Gerät, fließt ein *elektrischer Strom*.

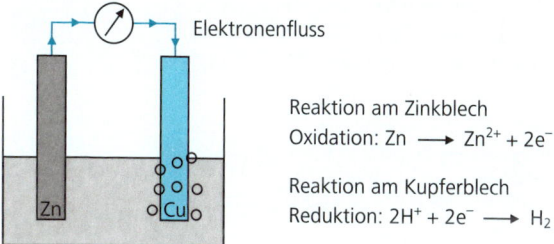

Elektronenfluss

Reaktion am Zinkblech
Oxidation: $Zn \longrightarrow Zn^{2+} + 2e^-$

Reaktion am Kupferblech
Reduktion: $2H^+ + 2e^- \longrightarrow H_2$

Der Vorgang entspricht dem einer Kontaktkorrosion, die beiden Redoxpartner sind jedoch voneinander *getrennt*. Der Elektronenfluss erfolgt über einen elektrischen Leiter und kann als *Energieträger* nutzbar gemacht werden.

> **MERKE**
>
> Diese Umsetzung von chemischer Energie in elektrische Energie ist das Prinzip einer **elektrischen Batterie.**

Spannungsreihe der Metalle

Um die Redoxreaktion zwischen einem Metall und Ionen eines edleren Metalls (▶ S. 69) zur Gewinnung elektrischer Energie nutzbar zu machen, muss ebenfalls eine räumliche Trennung der Redoxpartner vorgenommen werden.

BEISPIEL Taucht man ein Eisenblech in eine Lösung, die Eisen-Ionen enthält und ein Kupferblech in eine Lösung, die Kupfer-Ionen enthält, so lässt sich zwischen beiden Metallen eine elektrische Spannung messen. Verbindet man beide Pole über Leiterkabel mit einem elektrischen Gerät, fließt vom Eisen zum Kupfer ein elektrischer Strom.

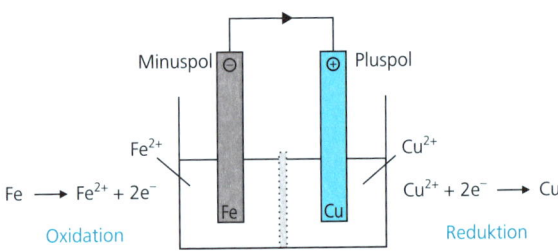

Metalle, die in eine Lösung gleichnamiger Ionen eintauchen, bilden eine *galvanische Halbzelle.* Sie haben ein gewisses Bestreben, Elektronen abzugeben und als Ionen in Lösung zu gehen.
Ebenso haben die entsprechenden Metall-Ionen das Bestreben, Elektronen aufzunehmen und sich im Metallgitter einzulagern.

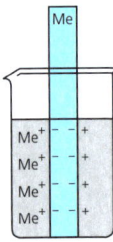

Taucht man daher ein Metall in eine Salzlösung, die entsprechende Metall-Ionen enthält, stellt sich zwischen beiden Partnern dieses konjugierten Redoxpaares ein *Redoxgleichgewicht* ein: $Me \rightleftharpoons Me^{n+} + n\,e^-$
In gleichen Zeiten gehen ebenso viele Metallatome unter Abgabe von Elektronen in Lösung wie Metall-Ionen unter Aufnahme von Elektronen in das Metallgitter eingebaut werden.
An der Grenze zwischen Metall und Lösung bildet sich daher eine elektrische *Doppelschicht,* die mit einem geladenen Kondensator vergleichbar ist.

> Die Spannung an der Grenzschicht bezeichnet man als **_Redoxpotenzial,_** das für jedes Redoxpaar aus Metall und konjugiertem Metall-Ion eine *charakteristische* Größe hat.

MERKE

Das Redoxpotenzial ist abhängig von der Art des Redoxpaares und von der Konzentration der Ionen in der Lösung.

Redoxpotenziale sind für eine direkte Spannungsmessung nicht zugänglich. Deshalb verwendet man zum Vergleich ein *anderes* Redoxpaar und ermittelt die Potenzialdifferenz.

Als Bezug gilt das Gleichgewicht zwischen elementarem Wasserstoff und Oxonium-Ionen (vereinfacht H^+): $H_2 \rightleftharpoons 2\,H^+ + 2\,e^-$.

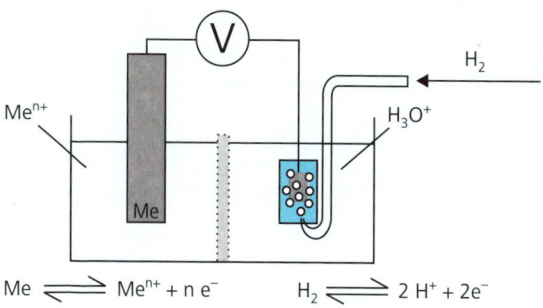

Die sogenannte Standard-Wasserstoffelektrode ist ein von gasförmigem Wasserstoff umspültes Platinblech, das bei einer Temperatur von $T = 298\,K$ (= 25 °C) in eine Säurelösung mit der Konzentration von $c(H_3O^+) = 1\,mol/l$ eintaucht.

> Das Redoxpotenzial der Standard-Wasserstoffelektrode ist nach Vereinbarung $E_H^0 = 0\,V$.

Das unterschiedliche Bestreben der Metalle, durch Abgabe von Elektronen in Lösung zu gehen, wird mithilfe ihrer **_Standardpotenziale_** in einer elektrochemischen **_Spannungsreihe_** dargestellt (▶ s. Internet), die die bereits genannte ▶ Redoxreihe der Metalle (S. 69) enthält.

> **MERKE**
>
> Das Standardpotenzial von *unedlen Metallen* (solche, die sich in Säuren lösen) ist *negativ*, das Standardpotenzial von *Edelmetallen* ist *positiv*.

Die Standardpotenziale zweier Redoxpaare ermöglichen die Berechnung der Spannung zwischen den entsprechenden Halbzellen eines sogenannten *galvanischen Elements*. Dabei müssen die Standardbedingungen gelten, d. h., die Konzentrationen der gelösten Ionen müssen $c = 1$ mol/l betragen.

BEISPIEL Das *Daniell-Element* besteht aus einer Kupfer- und einer Zinkelektrode, die in eine Lösung von Kupfersulfat bzw. Zinksulfat eintauchen. Die Spannung zwischen den Elektroden beträgt
$U = E^0_{Cu} - E^0_{Zn} = 0,35\,V - (-0,76\,V) = 1,11\,V$.
Dabei ist die Zink-Elektrode der negative Pol, da sie Elektronen an das Kupfer abgibt.
$Zn + Cu^{2+} \rightarrow Zn^{2+} + Cu$

> **BEACHTE** Bei einem galvanischen Element fließen die Elektronen immer vom Redoxpaar mit dem *negativeren* Potenzial zu dem mit dem *positiveren* Potenzial.

Redoxpotenzial und nernstsche Gleichung

In einer galvanischen Halbzelle besteht allgemein folgendes Gleichgewicht:
$Ox + z\,e^- \rightleftharpoons Red$
Das betreffende Redoxpotenzial ist abhängig von der Temperatur und der Ionenkonzentration. Beide Abhängigkeiten finden Eingang in der *nernstschen* Gleichung:

$$E = E^0 + \frac{R \cdot T}{z \cdot F} \cdot \ln \frac{c_{ox}}{c_{red}}$$

E: Redoxpotenzial
E^0: Standardpotenzial
R: universelle Gaskonstante (▶ S. 147)
T: absolute Temperatur
z: Anzahl der übertragenen Elektronen
F: Faradaykonstante (▶ S. 147)
c_{ox}: Stoffmengen-Konzentration des oxidierten Partners
c_{red}: Stoffmengen-Konzentration des reduzierten Partners

Nach Einsetzen der Konstanten R und F sowie Verwendung des dekadischen Logarithmus ergibt sich für $T = 298{,}16\,\text{K}$ (Standardtemperatur) folgende Vereinfachung:

$$E = E^0 + \frac{0{,}059\,\text{V}}{z} \cdot \lg \frac{c_{\text{ox}}}{c_{\text{red}}}$$

BEACHTE Für an der Redoxreaktion beteiligte Elemente und feste Stoffe gilt per Definition $c = 1\,\text{mol/l}$.

Durch Kombination zweier Halbzellen, deren Konzentrationen *nicht* den Standardbedingungen entsprechen müssen, erhält man ein galvanisches Element, dessen Spannung sich aus der Differenz der beiden Redoxpotenziale ergibt:

$$U = \Delta E = E_2 - E_1.$$

BEISPIEL Daniell-Element (▶ S. 76) mit $c(\text{Cu}^{2+}) = 2\,\text{mol/l}$ und $c(\text{Zn}^{2+}) = 10^{-2}\,\text{mol/l}$

Ox: $\quad \text{Zn} \rightarrow \text{Zn}^{2+} + 2\text{e}^- \quad E^0 = -0{,}76\,\text{V}$

Red: $\quad \text{Cu}^{2+} + 2\text{e}^- \rightarrow \text{Cu} \quad E^0 = +0{,}35\,\text{V}$

$$E(\text{Zn}^{2+}/\text{Zn}) = -0{,}76\,\text{V} + \frac{0{,}059\,\text{V}}{2} \cdot \lg \frac{10^{-2}}{1} = -0{,}819\,\text{V}$$

$$E(\text{Cu}/\text{Cu}^{2+}) = +0{,}35\,\text{V} + \frac{0{,}059\,\text{V}}{2} \cdot \lg \frac{2}{1} = +0{,}358\,\text{V}$$

$$U = E(\text{Cu}/\text{Cu}^{2+}) - E(\text{Zn}^{2+}/\text{Zn}) = 0{,}358\,\text{V} - (-0{,}819\,\text{V}) = 1{,}177\,\text{V}$$

Das Redoxpotenzial mancher galvanischer Halbzellen eignet sich zur Bestimmung des jeweils in der Lösung vorliegenden pH-Werts.

BEISPIEL Wasserstoff-Halbzelle (vereinfacht):

$$\text{H}_2 \rightleftharpoons 2\,\text{H}^+ + 2\text{e}^-$$

$$E = E^0 + \frac{0{,}059\,\text{V}}{z} \cdot \lg \frac{c_{\text{ox}}}{c_{\text{red}}} = 0 + \frac{0{,}059\,\text{V}}{2} \cdot \lg \frac{c(\text{H}^+)^2}{1}$$

$$E = 0{,}059\,\text{V} \cdot \lg c(\text{H}^+) \quad \text{bzw.} \quad E = -0{,}059\,\text{V} \cdot \text{pH}$$

Konzentrationsketten

Aus der nernstschen Gleichung folgt, dass auch zwischen zwei Halbzellen gleicher Zusammensetzung, jedoch unterschiedlicher Konzentrationen eine Spannung vorliegen muss. Sie entspricht der Potenzialdifferenz ΔE der Redoxpotenziale E_1 und E_2 in den beiden Halbzellen:

$$\Delta E = \frac{0{,}059\,\text{V}}{z} \cdot \lg \frac{c_1}{c_2}$$

c_1: höhere Konzentration
c_2: geringere Konzentration

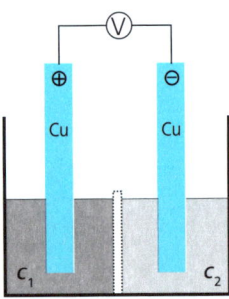

Reduktion   Oxidation

Redoxreaktionen und Säure-Base-Reaktionen weisen Gemeinsamkeiten auf: Beide beruhen auf dem Donator-Akzeptor-Konzept.

Redoxreaktion	Säure-Base-Reaktion
Übertragung von Elektronen	Übertragung von Protonen
Konjugiertes Redoxpaar: $Red \rightleftharpoons Ox + ze^-$	Konjugiertes Säure-Base-Paar: $HA \rightleftharpoons A^- + H^+$
Reduktionsmittel: Elektronen-Donator Oxidationsmittel: Elektronen-Akzeptor	Säure: Protonen-Donator Base: Protonen-Akzeptor
„elektrochemisches" Potenzial: Redoxpotenzial	„protochemisches" Potenzial: pH-Wert
Nernstsche Gleichung:	Henderson-Hasselbalch-Gleichung:
$E = E^0 + \frac{R \cdot T}{z \cdot F} \ln \frac{c_{ox}}{c_{red}}$	$pH = pK_s + \lg \frac{c(A^-)}{c(HA)}$

Batterien

Eine Batterie enthält prinzipiell drei Teile:

♦ einen Minuspol, der beim Stromfluss Elektronen abgibt, also oxidiert wird,
♦ einen Pluspol, der beim Stromfluss Elektronen aufnimmt, also reduziert wird,
♦ einen Elektrolyten, der eine gute elektrische Leitfähigkeit hat und damit für einen geringen ▶ Innenwiderstand (S. 80) der Batterie sorgt.

BEISPIEL   Eine häufig verwendete Batterie ist die Alkali-Mangan-Batterie. Die Spannung zwischen den Polen beträgt 1,5 V.

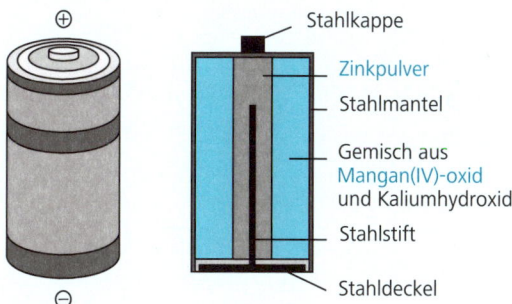

Stahlkappe
Zinkpulver
Stahlmantel
Gemisch aus Mangan(IV)-oxid und Kaliumhydroxid
Stahlstift
Stahldeckel

Der Elektrolyt ist eine *alkalische* Lösung aus Kaliumhydroxid, der Pluspol besteht aus Mangan(IV)-oxid, der Minuspol aus Zink.

Minuspol: $Zn \rightarrow Zn^{2+} + 2\,e^-$
Pluspol: $2\,MnO_2 + 2\,e^- + 2\,H_2O \rightarrow 2\,MnO\,(OH) + 2\,OH^-$

Rolle des Elektrolyten

Die beim Redoxprozess entstandenen Zink- und Hydroxid-Ionen diffundieren in den Elektrolyten und bilden normalerweise schwer lösliches Zinkhydroxid, das die Leitfähigkeit des Elektrolyten herabsetzen würde. Die bereits vorhandene hohe Konzentration an Hydroxid-Ionen verhindert jedoch die Bildung dieses Produkts und somit ein rasches Ansteigen des Innenwiderstands:

$Zn^{2+} + 2\,OH^- \rightarrow Zn(OH)_2$ schwer löslich

$Zn(OH)_2 + 2\,OH^- \rightarrow [Zn(OH)_4]^{2-}$ leicht löslich

> **MERKE**
>
> Der Elektrolyt ist an der eigentlichen Redoxreaktion nicht beteiligt. Er reagiert jedoch mit den Reaktionsprodukten und beeinflusst die Lebensdauer einer Batterie.

Innenwiderstand und Lebensdauer von Batterien

Eine Batterie ist ein elektrisches Gerät und hat deshalb – wie jedes andere Gerät – auch einen elektrischen Widerstand, einen sogenannten *Innenwiderstand.* Wird ein Verbraucher, z. B. eine Lampe, an eine Batterie angeschlossen, so steht diesem nicht die volle *Quellenspannung* zur Verfügung, sondern nur eine verminderte *Klemmenspannung.*

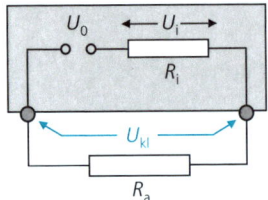

$$U_{kl} = U_0 - U_i$$

U_{kl}: Klemmenspannung, die für den Verbraucher zur Verfügung steht
U_0: Quellenspannung (Spannung der Batterie ohne angeschlossenen Verbraucher)
U_i: Spannung, die am Innenwiderstand der Quelle abfällt
R_i: Innenwiderstand der Batterie
R_a: Widerstand des angeschlossenen Verbrauchers

Während des Betriebs einer Batterie löst sich immer mehr Zink auf, sodass schließlich doch unlösliches Zinkhydroxid entsteht. Dadurch nimmt der Innenwiderstand der Batterie zu. Damit *vergrößert* sich auch der Spannungsabfall U_i und die Klemmenspannung *nimmt ab.*

Schließlich ist die Klemmenspannung so klein, dass das angeschlossene elektrische Gerät nicht mehr funktioniert: Die Batterie ist *entladen* und muss ausgetauscht werden.

BEACHTE Auch bei einer „verbrauchten" Batterie zeigt ein Spannungsmesser mit großem Innenwiderstand die volle Quellenspannung an. Um den Zustand einer Batterie zu testen, muss man daher die Spannung *„unter Last"*, d. h. bei angeschlossenem Verbraucher, messen.

Bei Batterien, die über eine längere Zeit kontinuierlich im Einsatz sein müssen, darf der Innenwiderstand während des Entladens möglichst wenig abnehmen.

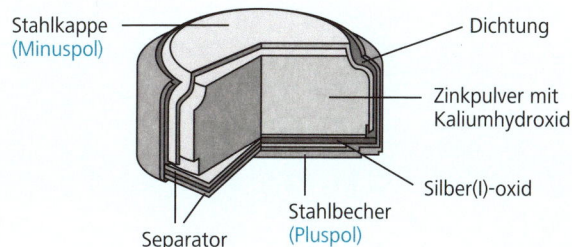

BEISPIEL Armbanduhren werden meist mit sogenannten *Knopfzellen* betrieben. Die Zink-Silberoxid-Batterie hat eine Quellenspannung von 1,55 V.

Der Minuspol besteht aus Zink, der Pluspol aus Silber(I)-oxid, der Elektrolyt ist Kaliumhydroxid.

Minuspol: $Zn \rightarrow Zn^{2+} + 2\,e^-$

Pluspol: $Ag_2O + 2\,e^- + H_2O \rightarrow 2\,Ag + 2\,OH^-$

Das bei der Redoxreaktion gebildete Silber hat eine sehr gute elektrische Leitfähigkeit. Daher nimmt der Innenwiderstand der Batterie während des Betriebs praktisch nicht zu und somit auch die Klemmenspannung nicht ab. Erst wenn das gesamte Zink umgesetzt ist, bricht die Spannung *schlagartig* zusammen.

Akkumulatoren

Ein *Akkumulator* ist ein elektrochemisches Element, das nach Gebrauch wieder aufgeladen und somit mehrmals verwendet werden kann.

MERKE

Beim Laden eines Akkumulators wird elektrische Energie in chemische Energie überführt und gespeichert.

Damit ein elektrochemisches Element wiederaufladbar ist, müssen die beim Entladen gebildeten Produkte unverändert für den Ladevorgang zur Verfügung stehen.

Bleiakkumulator

Der Bleiakkumulator findet als Autobatterie Verwendung. Die Quellenspannung einer Akkumulatorzelle beträgt 2 V.

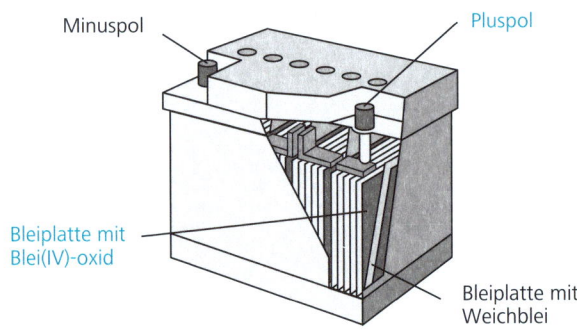

Der Minuspol eines *geladenen* Bleiakkumulators besteht aus Blei, der Pluspol aus Blei(IV)-oxid, der Elektrolyt ist Schwefelsäure.
Entladungsvorgang:

Minuspol: $Pb \rightarrow Pb^{2+} + 2\,e^-$

Pluspol: $PbO_2 + 2\,e^- + 4\,H^+ \rightarrow Pb^{2+} + 2\,H_2O$

Die an beiden Elektroden gebildeten Blei-Ionen reagieren bereits beim Entstehen mit den in der Schwefelsäure enthaltenen Sulfat-Ionen zu *schwer löslichem* Bleisulfat, das sich an *beiden* Elektroden als Belag absetzt.
Beide Teilreaktionen lassen sich daher wie folgt ergänzen:

Minuspol: $Pb + SO_4^{2-} \rightarrow \mathbf{PbSO_4} + 2\,e^-$

Pluspol: $PbO_2 + 2\,e^- + 4\,H^+ + SO_4^{2-} \rightarrow \mathbf{PbSO_4} + 2\,H_2O$

Während des Entladens werden dem Elektrolyten ständig Oxonium-Ionen und Sulfat-Ionen entzogen. Gleichzeitig bildet sich Wasser. Dadurch nimmt die Konzentration der Schwefelsäure ab und ihre *Dichte* wird geringer.

Legt man an die Pole des entladenen Akkumulators eine Gleichspannung an, erfolgt die Redoxreaktion in *umgekehrter* Richtung; der Bleiakkumulator wird *aufgeladen:*

♦ An der mit dem *Minuspol* des Ladegeräts verbundenen Elektrode wird das Bleisulfat zu elementarem Blei *reduziert.*

♦ An der mit dem *Pluspol* des Ladegeräts verbundenen Elektrode wird das Bleisulfat zu Blei(IV)-oxid *oxidiert.*

BEACHTE Nach vollständigem Aufladen des Bleiakkumulators führt eine weitere Zuführung elektrischer Energie (Überladen) zu einer Elektrolyse (▶ S. 86) der Schwefelsäure. Dabei entstehen Wasserstoff und Sauerstoff, ein explosives Gemisch (Knallgas)!

Nickel-Metallhydrid-Akkumulator

Hier besteht der Pluspol des geladenen Akkumulators aus Nickel(III)-oxid-hydroxid und der Minuspol aus einer Metall-Legierung, in deren Festkörpergitter Wasserstoffatome eingelagert sind (MeH). Die Quellenspannung beträgt 1,2 V. Der Elektrolyt ist Kalilauge.

Entladungsvorgang des Akkumulators:

Minuspol: $MeH + OH^- \rightarrow Me + H_2O + e^-$

Pluspol: $NiOOH + H_2O + e^- \rightarrow Ni(OH)_2 + OH^-$

Beim *Aufladen* des Akkumulators erfolgen diese Vorgänge in *umgekehrter* Richtung.

BEACHTE Die Reaktionen sind umkehrbar, weil alle dabei entstehenden Stoffe für die Rückreaktion zur Verfügung stehen.

Lithium-Ionen-Akkumulator

Bei diesem Akkumulator besteht der positive Pol aus einem Lithium-Schwermetall-Oxid (z. B. $LiCoO_2$), der negative Pol aus Grafitschichten, welche Lithiumatome einlagern können.

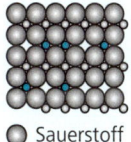

○ Sauerstoff   ● Grafit
○ Cobalt   ● Lithium

In diesen Gittern hat Lithium unterschiedliche ▶ Redoxpotenziale (S. 76), sodass zwischen beiden Elektroden eine Potenzialdifferenz vorliegt.
Die Quellenspannung beträgt 3,6 V. Als Elektrolyt dient die Lösung eines Lithiumsalzes in einem *wasserfreien* Lösungsmittel.

BEACHTE Metallisches Lithium als Elektrode würde mit Wasser heftig, möglicherweise explosionsartig reagieren.

Das Funktionsprinzip des Lithium-Ionen-Akkumulators besteht in einem Übergang von Lithium-Ionen zwischen den beiden Elektroden.

Entladungsvorgang:

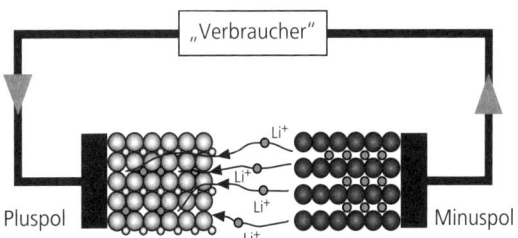

Minuspol: $Li \rightarrow Li^+ + e^-$

Die im Grafitgitter freigesetzten Li^+-Ionen werden von den zur positiven Elektrode fließenden Elektronen angezogen und bewegen sich durch den Elektrolyten in das Metalloxid-Gitter, wo sie sich entladen und freie Gitterplätze einnehmen.

Pluspol: $Li^+ + e^- \rightarrow Li$

Beim *Aufladen* erfolgt der Vorgang in umgekehrter Richtung:

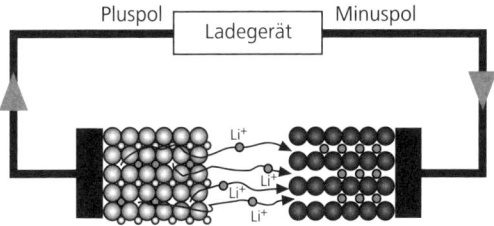

Eine Weiterentwicklung dieses Akkumulators ersetzt den flüssigen Elektrolyten durch eine leitende Polymerfolie. Diese *Lithium-Polymer-Akkumulatoren* haben einen schichtartigen Aufbau aus negativer Elektrode, Folie und positiver Elektrode, wobei extrem dünne Schichten von 100 Mikrometer erreicht werden. Dieser Aufbau ermöglicht sehr kleine Bauformen der Akkumulatoren, z. B. für Handys und Notebooks.

Brennstoffzellen

Brennstoffzellen bestehen wie Akkumulatoren aus zwei Elektroden und einem Elektrolyten (z. B. Kalilauge).

Eine der Elektroden wird von gasförmigem Wasserstoff umspült. Dessen Moleküle werden an einer dünnen Katalysatorschicht (▶ S. 29) in Protonen und Elektronen zerlegt. Die Elektronen fließen über einen elektrischen „Verbraucher" zur anderen Elektrode, an der die Moleküle des dort zugeführten Sauerstoffs katalytisch in Sauerstoff-Ionen (O^{2-}) umgewandelt werden. Eine für Protonen durchlässige Elektrolytmembran lässt die Protonen passieren und mit den Sauerstoff-Ionen zu Wassermolekülen reagieren.

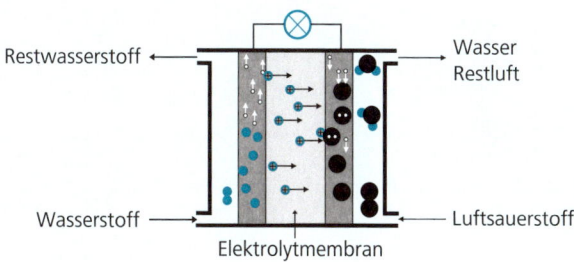

Restwasserstoff — Wasser Restluft

Wasserstoff — Luftsauerstoff

Elektrolytmembran

Minuspol: $2\,H_2 \rightarrow 4\,H^+ + 4\,e^-$

Pluspol: $O_2 + 4\,e^- \rightarrow 2\,O^{2-}$

Endreaktion: $4\,H^+ + 2\,O^{2-} \rightarrow 2\,H_2O$

Der elektrische „Verbraucher" kann z. B. ein Elektromotor sein, der ein Auto antreibt. Der *Wasserstoff* kann als Flüssiggas in Tanks mitgeführt werden, der *Sauerstoff* wird aus der Luft entnommen.

In Brennstoffzellen entsteht aus Wasserstoff und Sauerstoff lediglich Wasser.

Die Vorteile einer solchen Energiequelle liegen auf der Hand:

◆ Es entstehen keine gesundheitsschädlichen bzw. treibhausfördernden Abgase.

◆ Die begrenzten fossilen Energieträger wie Erdöl, Erdgas und Kohle werden nicht benötigt.

◆ Der Wirkungsgrad dieser Zellen, also das Verhältnis von nutzbarer zu zugeführter Energie, liegt bei 80 % und damit in vergleichbarer Größenordnung wie bei Lithium-Ionen-Akkumulatoren.

BEACHTE Eine Brennstoffzelle ist *kein* Akkumulator, sondern eine Anordnung, in der *ohne* Zwischenspeicherung chemische Energie direkt in elektrische Energie umgewandelt wird.

5.4 Elektrolyse

Die Elektrolyse ist die Umkehrung der spontan ablaufenden Redoxreaktion in Batterien: Durch Einsatz elektrischer Energie wird der Ablauf einer Redoxreaktion erzwungen. Dabei wird elektrische Energie in chemische Energie umgewandelt.

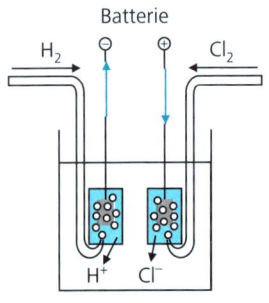
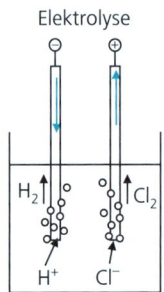

Batterie   Elektrolyse

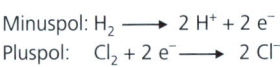

Minuspol: $H_2 \longrightarrow 2\,H^+ + 2\,e^-$
Pluspol: $Cl_2 + 2\,e^- \longrightarrow 2\,Cl^-$

Minuspol: $2\,H^+ + 2\,e^- \longrightarrow H_2$
Pluspol: $2\,Cl^- \longrightarrow Cl_2 + 2\,e^-$

BEACHTE   In beiden Fällen bezeichnet man die Elektrode, an der die *Oxidation* stattfindet, als *Anode* (▶ Opferanode S. 72). Die Elektrode, an der die *Reduktion* stattfindet, ist die *Kathode.*

Bei einer Batterie ist die *Anode* der *Minuspol* und die *Kathode* der *Pluspol*.
Bei der Elektrolyse ist die *Anode* der *Pluspol* und die *Kathode* der *Minuspol*.

Zersetzungsspannung

Bei einer Elektrolyse werden die Ionen eines Elektrolyten an die Elektroden angelagert und dort entladen. Die bei diesem Vorgang entstandenen Stoffe scheiden sich an den Elektroden ab und bilden mit dem Elektrolyten ein ▶ galvanisches Element (S. 73), dessen Spannung zur angelegten Spannung *entgegengesetzt* gepolt ist.

Nach der Strom-Spannungs-Kennlinie für eine Elektrolyse fließt daher bei geringer angelegter Spannung praktisch kein Strom, da sich angelegte Spannung und *Polarisationsspannung* gegenseitig aufheben. Dadurch kann keine weitere Elektrolyse stattfinden.

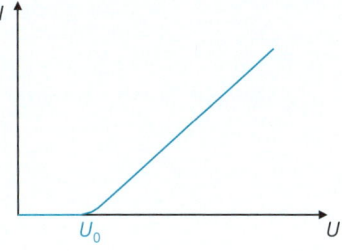

Erst ab einer bestimmten Spannung kommt es zu einem Stromfluss und damit zu einer kontinuierlichen Abscheidung von Stoffen.

> Zur Durchführung einer Elektrolyse muss eine Mindestspannung überschritten werden. Diese Spannung bezeichnet man als *Zersetzungsspannung.*
> Sie entspricht der *Differenz* aus den an den Elektroden herrschenden Redoxpotenzialen.

BEISPIEL Bei der Elektrolyse einer Kupferchlorid-Lösung scheiden sich Kupfer und Chlor ab.

Minuspol (Kathode): $Cu^{2+} + 2\,e^- \rightarrow Cu$

Pluspol (Anode): $2\,Cl^- \rightarrow Cl_2 + 2\,e^-$

Zur Ermittlung der Zersetzungsspannung U_0 muss das Vorzeichen für das Redoxpaar Cu/Cu^{2+} (▶ s. Elektrochemische Spannungsreihe (Internet)) umgedreht werden.
$U_0 = 1,36\,V - (-0,35\,V) = \mathbf{1,71\,V}$

Häufig erfordert die Elektrolyse eine Mindestspannung, die deutlich *über* der theoretischen Zersetzungsspannung liegt. Die Differenz zur Zersetzungsspannung bezeichnet man als *Überspannung.* Ihre Größe wird im Wesentlichen bestimmt

◆ durch die Wahl des Elektrodenmaterials,
◆ durch den abzuscheidenden Stoff.

Faradaysche Gesetze

Je länger eine Elektrolyse durchgeführt wird, desto mehr Stoff wird an den Elektroden abgeschieden.

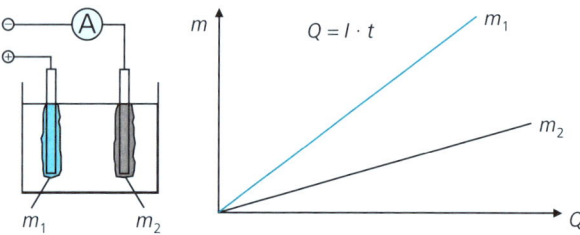

Zwischen der abgeschiedenen Masse m und der geflossenen Ladung $Q = I \cdot t$ besteht eine lineare Beziehung:

$m_1 \sim Q$ und $m_2 \sim Q$.

> **1. faradaysches Gesetz:** Die Massen der bei einer Elektrolyse an den Elektroden abgeschiedenen Stoffe sind der durch den Elektrolyten geflossenen Ladung proportional.

Durch eine Reihenschaltung von Elektrolysegefäßen mit unterschiedlichen Elektrolyten fließt in einer bestimmten Zeit dieselbe Ladung.

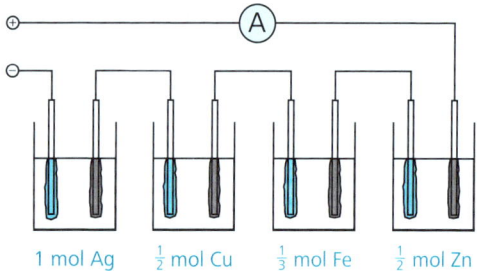

1 mol Ag $\frac{1}{2}$ mol Cu $\frac{1}{3}$ mol Fe $\frac{1}{2}$ mol Zn

abgeschiedene Stoffmengen verschiedener Metalle durch eine Ladungsmenge von $Q = 96\,487\,\mathrm{C}$.

Zwischen der jeweils abgeschiedenen Stoffmenge n und der geflossenen Ladung Q ergibt sich ebenfalls eine lineare Beziehung:

$Q = n \cdot z \cdot F$

$z = 1, 2, 3 \dots$ Anzahl der übertragenen Elektronen

$F = 96\,487\,\text{C} \cdot \text{mol}^{-1}$ *Faraday-Konstante*

> **2. faradaysches Gesetz:** Zur elektrolytischen Abscheidung von 1 mol eines Stoffes benötigt man jeweils ganzzahlige Vielfache einer Ladungsmenge von $96\,487$ C.

Bei bekannter Stromstärke I lässt sich auf diese Weise die Zeit ermitteln, die für die Abscheidung einer bestimmten Menge eines Stoffes erforderlich ist.

BEISPIEL   Die Ladung eines Kupfer-Ions ist $z = 2$. Zur Abscheidung von $n = 1$ mol benötigt man eine Ladungsmenge
$Q = 1\,\text{mol} \cdot 2 \cdot 96\,487\,\text{C} \cdot \text{mol}^{-1} = 192\,974\,\text{C}$.
Bei einer Stromstärke von $I = 1$ A entspricht dies einer Elektrolysedauer von
$t = 192\,974\,\text{s} \approx 53{,}6$ Stunden.

5

6 Organische Stoffklassen

6.1 Kohlenwasserstoffe

Organische Verbindungen, die nur aus den Elementen Kohlenstoff und Wasserstoff aufgebaut sind, nennt man *Kohlenwasserstoffe*. Es handelt sich hier um verzweigte oder unverzweigte Ketten oder Ringstrukturen, deren Grundgerüst nur durch C–C-Bindungen zustande kommt.

Alkane

Kohlenwasserstoffe, deren Moleküle nur C–C-Einfachbindungen enthalten, bezeichnet man als *Alkane.*
Das einfachste Alkan mit einem Kohlenstoffatom und vier Wasserstoffatomen ist das *Methan*. Formal ergeben sich alle weiteren Alkane durch Einschub weiterer Methylengruppen, ($-CH_2-$).

BEISPIEL

```
      H                 H   H               H   H   H
      |                 |   |               |   |   |
  H — C — H         H — C — C — H       H — C — C — C — H
      |                 |   |               |   |   |
      H                 H   H               H   H   H

    Methan              Ethan                  Propan
```

Molekülstruktur bei Alkanen

Beim Methanmolekül beschreiben die vier mit dem Kohlenstoffatom verbundenen Wasserstoffatome einen räumlichen Tetraeder. Die Bindungswinkel H–C–H betragen jeweils 109,5°. Bei längerkettigen Alkanen betragen die Winkel zwischen benachbarten C-Atomen ebenfalls 109,5°. Die Kohlenstoffketten dieser Moleküle sind daher nicht linear, sondern gewinkelt.

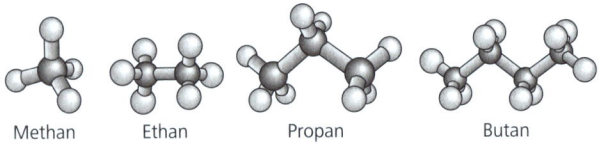

Methan   Ethan   Propan   Butan

Cycloalkane

Kohlenwasserstoffe können ringförmige Moleküle bilden. Solche Kohlenwasserstoffe werden *Cycloalkane* genannt.

BEISPIEL Beim Cyclohexan C_6H_{12} bilden die Kohlenstoffatome einen Sechsring.

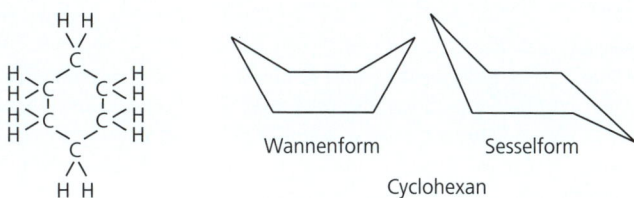

Wannenform   Sesselform

Cyclohexan

Die Winkel zwischen benachbarten Kohlenstoffatomen betragen wie bei den kettenförmigen Kohlenwasserstoffen 109,5°. Die Ringe sind daher nicht eben. Sie sind in zwei Formen, sogenannten Konformationen, darstellbar.

Alkene und Alkine

Neben den Alkanen gibt es weitere Kohlenwasserstoffe, die Alkene und die Alkine. Es sind im Gegensatz zu den Alkanen sehr reaktionsfähige Kohlenwasserstoffe. Man bezeichnet sie als *ungesättigte* Kohlenwasserstoffe, weil sie in der Lage sind, bestimmte andere Stoffe „aufzuzuessen", d. h. in einer chemischen Reaktion zu addieren.

Der einfachste Vertreter der Alkene ist das *Ethen* (Ethylen) mit der Molekülformel C_2H_4. An die beiden Kohlenstoffatome sind im Gegensatz zum Ethan nur vier Wasserstoffatome gebunden, sodass zwei Valenzelektronen eine *zusätzliche* Bindung zwischen den Kohlenstoffatomen bilden.

$$\underset{H}{\overset{H}{>}} C = C \underset{H}{\overset{H}{<}}$$

Der einfachste Vertreter der Alkine ist das *Ethin* (Acetylen) mit der Molekülformel C_2H_2.

$$H - C \equiv C - H$$

Molekülstruktur bei Alkenen und Alkinen

Bei Alkenen liegen jeweils vier Atome und die zwei doppelt gebundenen C-Atome in einer Ebene. Der Bindungswinkel beträgt 120°.
Bei Alkinen liegen jeweils zwei Atome und die zwei dreifach gebundenen C-Atome auf einer Geraden. Der Bindungswinkel beträgt 180°.

Eigenschaften von Kohlenwasserstoffen

Aggregatzustand

Die kurzkettigen Kohlenwasserstoffe mit bis zu vier Kohlenstoffatomen im Molekül sind bei Raumtemperatur *gasförmig*, Kohlenwasserstoffe mit fünf bis 16 Kohlenstoffatomen *flüssig* und ab 17 Kohlenstoffatomen *fest*.
Da die Bindungen zwischen Kohlenstoff- und Wasserstoffatomen nur gering polarisiert sind, gehören die Kohlenwasserstoffe zu den *unpolaren* Verbindungen. Trotzdem gibt es zwischen den Molekülen schwache Van-der-Waals-Bindungen.
Je größer die Masse der Kohlenwasserstoffmoleküle, desto größer sind auch die Van-der-Waals-Bindungen zwischen den Molekülen.

> **MERKE**
>
> Je *stärker* die Anziehung zwischen den Molekülen, desto *mehr* Energie wird benötigt, sie voneinander zu trennen, desto *höher* ist damit der Siedepunkt.

Löslichkeit

Alkane als unpolare Stoffe lösen sich in unpolaren Lösemitteln und Fetten. Man bezeichnet sie daher als **lipophil** (griech. *lipos:* Fett; griech. *philos:* zugeneigt). Gleichzeitig sind sie in polaren Lösemitteln, wie z. B. in Wasser, schwer löslich. Sie sind daher **hydrophob** (griech. *hydor:* Wasser; griech. *phobos:* Scheu).

Chemische Eigenschaften

Alkane bezeichnet man als gesättigte Kohlenwasserstoffe, da sie im Unterschied zu Alkenen und Alkinen keine weiteren Stoffe addieren. Da Alkane bei Raumtemperatur gegenüber vielen Stoffen reaktionsträge sind, bezeichnet man sie als **Paraffine** (lat. *parum,* wenig; lat. *affinis,* verwandt, hier: reaktionsbereit).

Dennoch sind die Alkane brennbar: Besonders die kurzkettigen sind leicht entzündlich und ggf. auch explosiv, wie z. B. *Methan,* der Hauptbestandteil von Erdgas:

$$CH_4 + 2\,O_2 \rightarrow CO_2 + 2\,H_2O.$$

Bei erhöhten Temperaturen oder bei Belichtung mit energiereicher Strahlung (z. B. UV-Licht) reagieren Alkane mit Halogenen zu *Halogenalkanen.*

Vergleich der Eigenschaften von Kohlenwasserstoffen:

Eigenschaften	Alkane	Alkene/Alkine
Polarität	unpolar	unpolar
Brennbarkeit	brennbar	brennbar
Wasserlöslichkeit	unlöslich	unlöslich
Reaktionsfähigkeit	gering	hoch

Aromatische Kohlenwasserstoffe

Benzol ist ein cyclischer Kohlenwasserstoff, dessen Ringstruktur im Unterschied zu Cyklohexan eben ist. Der intensive Geruch von Benzol und vieler seiner Verbindungen führte für diese Stoffklasse zur Bezeichnung *Aromaten.*

vollständige Darstellung

vereinfachte Darstellung

Symboldarstellung

Bindungsverhältnisse im aromatischen System

Sechs Kohlenstoffatome bilden über Bindungswinkel von jeweils 120° einen ebenen Ring. Die Doppelbindungen sind jedoch nicht zwischen bestimmten C-Atomen lokalisiert.

> **MERKE**
>
> Die beiden möglichen Darstellungen des Benzolmoleküls mit drei Doppelbindungen stellen sogenannte **mesomere Grenzstrukturen** des Moleküls dar. Der wirkliche – energieärmere – Zustand liegt *zwischen* diesen Strukturen. Er wird durch den „Innenring" angedeutet.

> Elektronen, die keinem bestimmten Atom zugeordnet sind, bezeichnet man als **delokalisierte Elektronen.** Die Benzol-Struktur mit identischen Bindungslängen zwischen den Kohlenstoffatomen, einer *ebenen* Anordnung und delokalisierten Elektronen ist besonders stabil.

BEACHTE   Die mesomeren Grenzstrukturen werden mit einem Doppelpfeil ($\leftrightarrow$) dargestellt. Sie sollten nicht mit dem doppelten Reaktionspfeil ($\rightleftharpoons$) von ▶ Gleichgewichtsreaktionen (S. 31) verwechselt werden.

BEACHTE   Benzol ist trotz der Silbe -ol *kein* Alkohol. Daher nennt man diesen Stoff häufig auch „Benzen".

Zu den aromatischen Kohlenwasserstoffen gehören auch solche mit mehreren Benzolringen, sogenannte *polycyclische Kohlenwasserstoffe.*

Biphenyl   Naphthalin   Anthracen

Benennung der Aromaten

Nach IUPAC werden die Positionen am Benzolring durchnummeriert und die Nummer vor den jeweiligen Substituenten gesetzt.

Viele Aromaten tragen jedoch auch *Trivialnamen*, die meist auf ihr natürliches Vorkommen schließen lassen. In den Trivialnamen werden die Positionen der Substituenten mit den Vorsilben *ortho (o-)*, *meta (m-)* und *para (p-)* gekennzeichnet.

IUPAC-Nummerierung

Beispiel:
1,2-Dimethylbenzol

Struktur	IUPAC-Name	Trivialname
	Methylbenzol	Toluol
	1,2-Dimethylbenzol	*o*-Xylol
	1,3-Dimethylbenzol	*m*-Xylol
	1,4-Dimethylbenzol	*p*-Xylol

Wird ein aromatischer Ring als Rest betrachtet, so wird die Endung **-yl** an den (manchmal verkürzten) Namen des Kohlenwasserstoffs angehängt.

Die Benennung des Restes vom Benzolmolekül wird davon abweichend als **Phenyl-** bezeichnet.

Phenyl-Rest

Naphthyl-Rest

> **MERKE**
>
> Reste von kettenförmigen bzw. ringförmigen Kohlenwasserstoffen bezeichnet man als **Alkylreste.** Reste von aromatischen Kohlenwasserstoffen bezeichnet man als **Arylreste.** Allgemein werden beide Reste mit „R" abgekürzt.

6.2 Halogenkohlenwasserstoffe

Ersetzt man in einem Kohlenwasserstoffmolekül Wasserstoffatome durch Atome der Elemente Fluor, Chlor, Brom oder Iod, so erhält man *Halogenkohlenwasserstoffe.*
In der systematischen Nomenklatur gilt das Halogenatom als Substituent. Die längste Alkankette wird so nummeriert, dass diese Reste möglichst niedrige Nummern erhalten. Die Substituenten werden alphabetisch geordnet.

Bindungsverhältnisse bei Halogenkohlenwasserstoffen

Zwischen Halogenatom und Kohlenstoffatom befinden sich aufgrund der Elektronegativitätsunterschiede polare Elektronenpaarbindungen (▶ Elektronegativität s. Internet). Die Polarität dieser C–X-Bindungen (X = Halogen) nimmt also vom Fluor zum Iod stark ab.

Eigenschaften von Halogenkohlenwasserstoffen

Die Halogenalkane unterscheiden sich in einigen Eigenschaften von den entsprechenden Alkanen. Diese Unterschiede werden vor allem durch die Polarität der Bindungen zwischen Kohlenstoff- und Halogenatom sowie durch die größere Masse der Halogenatome bestimmt.

- Bedingt durch die Polarität der C–X-Bindung und die Masse der Halogenatome haben die Halogenalkane deutlich höhere *Siedetemperaturen* als die entsprechenden Alkane.
- Halogenkohlenwasserstoffe sind trotz ihrer Polarität *wasserunlöslich,* denn ihre Moleküle können keine Wasserstoffbrückenbindungen ausbil-

den. Sie lösen sich jedoch gut in organischen Lösemitteln und sind sehr gute Lösemittel für Fette. Sie sind also *hydrophob* und *lipophil*.
◆ Sie haben eine *hohe Verdampfungswärme* und sind *schlechte Wärmeleiter*.
◆ Sie sind *reaktionsträge*, schwer entflammbar bzw. nicht brennbar.

6.3 Alkohole, Phenole und Ether

Alkohole und Ether kann man als Abkömmlinge des Wassers ansehen, indem man ein oder zwei Wasserstoffatome durch *Alkyl*gruppen ersetzt. Bei den Phenolen ist ein Wasserstoffatom durch einen aromatischen *Aryl*rest ersetzt.

H — O — H Wasser   ⬡ — O — H Phenol

H — C — O — H Methanol   H — C — O — C — H Dimethylether

Alkohole

Bindungsverhältnisse bei Alkoholen

Die starke Elektronegativität des Sauerstoffatoms führt zu einer ungleichmäßigen Ladungsverteilung im Alkoholmolekül, woraus ein im Vergleich zum Wassermolekül ähnliches Dipolmoment resultiert.

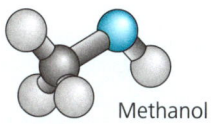

Methanol

Eigenschaften von Alkoholen

Alkoholmoleküle bestehen aus einem Kohlenwasserstoffanteil und mindestens einer Hydroxygruppe. Diese bestimmt die wesentlichen Eigenschaften der Alkohole.

> **MERKE**
>
> Eine Gruppe, die die Eigenschaften von organischen Verbindungen bestimmt, bezeichnet man als *funktionelle Gruppe*.

Die funktionelle *Hydroxygruppe* der Alkohole prägt damit maßgeblich deren Eigenschaften, da sie wie beim Wassermolekül zur Ausbildung von Wasserstoffbrückenbindungen führt.

Die wesentlichen physikalischen Eigenschaften der Alkohole sind folgende:
- Alkohole haben im Vergleich zu den entsprechenden Alkanen *hohe Siedetemperaturen*.
- Kurzkettige Alkohole und solche mit mehreren Hydroxygruppen im Molekül sind im Gegensatz zu den entsprechenden Alkanen *wasserlöslich*.
- Alkohole mit mehreren Hydroxygruppen im Molekül (mehrwertige Alkohole) haben einen *süßen* Geschmack, vgl. Glykol, Glycerin, Glucose (griech. *glykys*, süß).

MERKE

Je länger die Kohlenwasserstoffkette, desto unpolarer das Molekül, desto *geringer* die Wasserlöslichkeit. Je mehr Hydroxygruppen im Molekül, desto besser die *Wasserlöslichkeit*.

BEACHTE   Die Hydroxygruppe darf nicht mit dem anorganischen Hydroxid-Ion OH^- verwechselt werden.

Einteilung der Alkohole und Reaktivität

Die einwertigen Alkohole lassen sich, ihrer Kettenlänge entsprechend, in eine ▶ homologe Reihe (s. Internet) einordnen. Für ihre chemischen Eigenschaften sind aber andere Einteilungskriterien maßgeblich. Sie sind nicht nur von der funktionellen Gruppe, sondern auch von der *Position der Hydroxygruppe* in der Kohlenwasserstoffkette abhängig.
- Ist das Kohlenstoffatom, das die OH-Gruppe gebunden hat, mit *einem* (oder keinem) weiteren Kohlenstoffatom verbunden, handelt es sich um einen *primären Alkohol*.
- Ist das Kohlenstoffatom, das die OH-Gruppe gebunden hat, mit *zwei* weiteren Kohlenstoffatomen verbunden, handelt es sich um einen *sekundären Alkohol*.

◆ Ist das Kohlenstoffatom, das die OH-Gruppe gebunden hat, mit *drei* weiteren Kohlenstoffatomen verbunden, handelt es sich um einen *tertiären Alkohol*.

$R — CH_2 — OH$	$R_1 — CH — OH$ (mit R_2)	$R_1 — C — OH$ (mit R_2 und R_3)
primär	sekundär	tertiär

Diese drei Alkoholarten zeigen neben Unterschieden in den physikalischen Eigenschaften (z. B. Siedepunkt) deutliche Unterschiede in ihren chemischen Eigenschaften:

◆ Bei der schonenden (milden) Oxidation eines *primären* Alkohols entsteht ein *Aldehyd* (▶ S. 102).

◆ Bei der schonenden (milden) Oxidation eines *sekundären* Alkohols entsteht ein *Keton* (▶ S. 102).

◆ Tertiäre Alkohole lassen sich nur unter Zerstörung der Grundstruktur oxidieren.

Phenole

Phenolmoleküle bestehen aus einem aromatischen Teil, meist einem Benzolring, und einer oder mehreren Hydroxygruppen.

Phenol	Brenzkatechin	Resorcin	Hydrochinon

Phenole sind schwache Säuren, sie reagieren mit Laugen in einer Neutralisationsreaktion zu Phenolaten und Wasser.

Phenol   Phenolat

BEACHTE   Diese Reaktion ermöglicht eine Unterscheidung von Phenolen und Alkoholen, Letztere gehen diese Reaktion nicht ein.

Eigenschaften von Phenolen

Die Eigenschaften von Phenolen sind dadurch gekennzeichnet, dass sie reaktionsfähiger sind als die zugrundeliegenden aromatischen Kohlenwasserstoffe. Dies beruht auf der energetischen Stabilität des Phenolat-Ions, für das sich die folgenden ▶ *mesomeren Grenzstrukturen* (S. 94) darstellen lassen:

Einige Phenole mit mehreren Hydroxygruppen zeigen in alkalischer Lösung *reduzierende* Eigenschaften, da ihre Oxidationsprodukte – ähnlich wie Benzol – ein stabiles System mit ▶ delokalisierten Elektronen (S. 94) bilden.

BEISPIEL   Hydrochinon (1,4-Dihydroxybenzol) wird in alkalischer Lösung zu *Parachinon* (1,4-Chinon) oxidiert:

Eine vergleichbare Reaktion zeigt auch Brenzkatechin (1,2-Dihydroxy-benzol), *nicht* jedoch Resorcin (1,3-Dihydroxybenzol), da sich hierbei keine *chinoide Struktur* bilden kann.

> **MERKE**
>
> Chinoide Strukturen spielen eine wichtige Rolle bei der Molekülstruktur von
> ▶ Farbstoffen (S. 133).

Ether

Ether enthalten eine oder mehrere mit Kohlenstoffatomen verbundene Sauerstoffbrücken – O – im Molekül.

$CH_3- CH_2\ CH_2- CH_3$
Diethylether

Tetrahydrofuran
(THF)

Die IUPAC-Nomenklatur bezeichnet Ether als *Alkoxyalkane*. Formal werden hier die Ether als Abkömmlinge der Alkohole betrachtet, bei denen das Wasserstoffatom der Hydroxygruppe durch einen weiteren Kohlenwasserstoffrest ersetzt wurde.

Eigenschaften von Ethern

Verglichen mit Alkoholen sind Ether chemisch wenig reaktiv. Dies beruht vor allem darauf, dass an das Sauerstoffatom kein Wasserstoffatom gebunden ist. Dadurch können die Ethermoleküle auch keine ▶ Wasserstoffbrückenbindungen (▶ Internet) ausbilden:

◆ Ether haben niedrigere Siedetemperaturen als die isomeren (▶ Funktionsisomerie S. 141) Alkohole.
◆ Ether sind nicht wasserlöslich.

6.4 Aldehyde und Ketone

Aldehyde und Ketone sind Oxidationsprodukte von ▶ primären bzw. sekundären Alkoholen (S. 99):

Benennung von Aldehyden und Ketonen

Nach IUPAC enden die Namen der Aldehyde auf **-al**, die der Ketone auf **-on**. Manche Stoffe haben auch Trivialnamen.

Stoff	Trivialname	systematischer Name
$H-CHO$	Formaldehyd	Methanal
CH_3-CHO	Acetaldehyd	Ethanal
$CH_3-CO-CH_3$	Aceton	Propanon

> Die Moleküle von Aldehyden und Ketonen enthalten als funktionelle Gruppe die **Carbonyl-Gruppe** $>C=O$.

Im Unterschied zur ähnlichen Bindungsstruktur der Alkene (▶ S. 91) liegt hier eine *polare* Bindung vor, da das Sauerstoffatom *elektronegativer* (▶ Elektronegativität s. Internet) als das Kohlenstoffatom ist.

Eigenschaften der Aldehyde und Ketone

Aldehyde und Ketone sind wegen der Polarität der funktionellen Gruppe *polare* Verbindungen, können aber *keine* Wasserstoffbrückenbindungen ausbilden, da ihre Moleküle keine Hydroxygruppe haben:

◆ Die kurzkettigen Aldehyde und Ketone sind *wasserlöslich*.
◆ Aldehyde und Ketone haben *niedrigere Siedetemperaturen* als die entsprechenden Alkohole.

Die polare Carbonylgruppe kann in zwei mesomeren Grenzstrukturen dargestellt werden:

$$\!$$

> \>C = O/ ⟷ \>C⊕ — O⊖|

Diese Struktur erklärt die Fähigkeit von Aldehyden und Ketonen, mit polaren bzw. ionischen Stoffen *Additionsreaktionen* einzugehen.

BEISPIEL Gasförmiger oder in Wasser gelöster Formaldehyd (Methanal) reagiert nach längerer Zeit *mit sich selbst* zu festem Paraformaldehyd, einem Additionsprodukt.

$$\ldots + CH_2{=}O + CH_2{=}O + CH_2{=}O + CH_2{=}O + \ldots$$
$$\downarrow$$
$$-CH_2-O-CH_2-O-CH_2-O-CH_2-O-$$

BEACHTE Ketone zeigen eine *geringere* Neigung zu Additionsreaktionen als Aldehyde, weil bei ihnen *zwei* Alkylreste einen +I-Effekt (▶ S. 105) auf das Kohlenstoffatom der Carbonylgruppe ausüben und somit deren Polarität schwächen.

> R\
>   C = O/ +I-Effekt bei Ketonen
> R/

Ein weiterer Unterschied zwischen Aldehyden und Ketonen besteht darin, dass Aldehyde *reduzierend* wirken; hierbei werden sie selbst zu *Carbonsäuren* oxidiert.

8.5 Carbonsäuren

Ist an eine Carbonylgruppe zusätzlich eine Hydroxygruppe gebunden, so ergibt sich eine *Carboxy-Gruppe,* die funktionelle Gruppe der *Carbonsäuren.*

| BEACHTE | Carbonsäuren, deren Moleküle eine Kettenlänge von vier und mehr Kohlenstoffatomen aufweisen, bezeichnet man auch als *Fettsäuren,* da sie in Form von Estern ein Bestandteil der ▶ Fette (S. 110) sind.

Struktur der Carbonsäuren

Das Proton der Hydroxygruppe kann bei Carbonsäuren im Gegensatz zum Proton der Hydroxygruppe der Alkohole relativ leicht abgegeben werden. Dieser Effekt beruht auf einer Mesomerie-Stabilisierung des Carboxylat-Ions. Vier Elektronen verteilen sich völlig symmetrisch über drei Atome, die negative Ladung des Ions wird delokalisiert.

Carbonsäuren erfahren daher im Wasser eine Protolyse unter Bildung von Carboxylat-Ionen und Oxonium-Ionen:

| BEACHTE | Durch die Einbeziehung *beider* Sauerstoffatome des Carboxylat-Anions in die Mesomerie zeigt die Carboxygruppe im Gegensatz zur Carbonylgruppe keine ▶ Additionsfähigkeit (S. 103).

Eigenschaften der Carbonsäuren

Die kurzkettigen Carbonsäuren ($C_1 - C_3$) haben einen scharfen Geruch, die folgenden ($C_4 - C_9$) riechen unangenehm nach Schweiß, die längerkettigen sind geruchlos.

Aggregatzustand, Löslichkeit
Die physikalischen Eigenschaften lassen sich aus der Polarität der Carboxy-Gruppe ableiten. Sie begründet die starke Tendenz zur Ausbildung von Wasserstoffbrücken zu Wassermolekülen bzw. zu anderen Carbonsäuremolekülen:

- Die kurzkettigen Carbonsäuren sind in Wasser gut löslich.
- Kurzkettige Carbonsäuren zeigen im Vergleich zu den entsprechenden Alkoholen auffällig *hohe* Schmelzpunkte.

Dimerisierung von Essigsäuremolekülen

> **MERKE**
>
> Je *länger* die Kohlenwasserstoffkette, desto *schlechter* wird die Löslichkeit der Carbonsäuren in Wasser, desto *besser* aber die Löslichkeit in unpolaren Lösungsmitteln, wie z. B. in Benzin.

Säureeigenschaften
Carbonsäuren sind mittelstarke Säuren. Ihre Säurestärke – d. h. die Bereitschaft der Carboxygruppe, ein Proton abzuspalten – wird durch induktive Effekte bestimmt, die von den an die Carboxygruppe gebundenen Gruppen ausgehen:

> **MERKE**
>
> Die Neigung eines Atoms bzw. einer Atomgruppe, Elektronen abzugeben oder aufzunehmen, bezeichnet man als *induktiven Effekt (I-Effekt)*.

Gruppen mit elektronenliefernder Neigung (+I-Effekt):
Alkylgruppen (R-), Alkoxygruppen (R-O-)

Gruppen mit elektronenziehender Neigung (–I-Effekt):
$-OH$, $-Cl$, $-NH_2$, $-NO_2$

Kohlenwasserstoffketten üben einen +I-Effekt aus, der sich umso stärker auswirkt, je länger die Kohlenwasserstoffkette ist.

Je *länger* die Kohlenwasserstoffkette, desto *geringer* ist die Protolyse der Carboxygruppe, desto *schwächer* ist die Säure.

Halogenatome in der Kohlenwasserstoffkette üben einen –I-Effekt aus, der sich umso stärker auswirkt, je mehr Halogenatome in der Kette gebunden sind.

BEISPIEL Chloressigsäure ist stärker sauer als Essigsäure, Trichloressigsäure ist eine starke Säure und darin mit Schwefelsäure vergleichbar.

Chloressigsäure   Trichloressigsäure

Bei ungesättigten und aromatischen Carbonsäuren wird die Säurestärke nicht nur durch den induktiven Effekt der Mehrfachbindung bzw. des aromatischen Ringes, sondern auch durch mesomere Effekte beeinflusst.

Die Eigenschaft eines Atoms bzw. einer Atomgruppe, mit anderen Systemen mesomere Strukturen zu bilden, bezeichnet man als **mesomeren Effekt (M-Effekt).**

BEISPIEL Acrylsäure (Prop-2-ensäure) ist eine ungesättigte Carbonsäure mit einer Doppelbindung in der Kohlenstoffkette. Sie ist etwas stärker sauer als die gesättigte Propansäure gleicher Kettenlänge.
Der Grund liegt in der Wechselwirkung zwischen den beiden Doppelbindungen im Acrylsäuremolekül. Die sich ergebende Mesomerie zwischen zwei Grenzstrukturen hat einen Elektronen entziehenden Effekt auf die Carboxygruppe (–M-Effekt) und führt somit zu einer leichteren Ablösung des Protons.

Acrylsäure $CH_2 = CH - C \overset{O}{\underset{OH}{\Vert}} \longleftrightarrow \overset{\ominus}{C}H_2 - CH = C \overset{O^\oplus}{\underset{OH}{\Vert}}$

BEISPIEL Bei Benzoësäure stabilisiert der schwache + M-Effekt des Benzolrings das Säuremolekül. Benzoesäure ist daher schwächer als Ameisensäure.

6.6 Carbonsäureester

Ester finden sich in Fruchtaromen, Wachsen, Ölen und Fetten. Sie sind Verbindungen aus Carbonsäuren und Alkoholen.

$$R_1 - C \overset{O}{\underset{O}{\Vert}} \underset{R_2}{|}$$

Die Umsetzung von Alkoholen mit Carbonsäuren nennt man *Veresterung*, dabei bildet sich unter Abspaltung von Wasser ein Carbonsäureester.

BEISPIEL Aus Methansäure (Ameisensäure) und Methanol bildet sich Methansäuremethylester.

$$H - C \overset{O}{\underset{OH}{\Vert}} + \; HO - CH_3 \; \rightleftharpoons \; H - C \overset{O}{\underset{O - CH_3}{\Vert}} + \; H_2O$$

Die Veresterung ist umkehrbar und führt zu einem ▶ Gleichgewicht (S. 31) zwischen Ausgangsstoffen und Produkten.

Einteilung der Carbonsäureester

Je nach Säure und Alkoholanteil werden Carbonsäureester in drei Gruppen eingeteilt:

Fruchtester: Ester aus kurzkettigen Säuren und Alkoholen.

Wachse: Ester aus langkettigen Säuren und Alkoholen.

Fette: Ester aus meist langkettigen Säuren und Glycerol.

Mechanismus der Esterbildung

Da es sich um eine umkehrbare Reaktion handelt, müssen auch alle Teilschritte umkehrbar sein. Beide Reaktionen verlaufen über dieselben Zwischenstufen und nach demselben Mechanismus ab.

Die Reaktion startet mit einer Protonierung der Carboxygruppe durch die Zugabe von konz. Schwefelsäure:

Es folgt eine Anlagerung des Alkoholmoleküls an das positiv geladene Kohlenstoffatom.

Eine intramolekulare Umlagerung des Protons vom Alkoholmolekül führt zum Austritt von Wasser und zur Bildung des protonierten Esters.

Durch den Austritt eines Protons wird der Katalysator rückgebildet und das Endprodukt, der Ester, gebildet.

Benennung der Carbonsäureester

Die Benennung der Ester erfolgt durch Voranstellung des Namens der Säure, es folgt die Alkylgruppe des Alkohols und die Anfügung des Wortes „Ester".

BEISPIEL

Bezeichnung	Struktur	Vorkommen
Ameisensäureethylester (Ethylmethanoat)	$H-C{\overset{\displaystyle O}{\underset{\displaystyle O-C_2H_5}{}}}$	Bestandteil des Rumaromas
Essigsäureisoamylester (3-Methylbutylethanoat)	$H_3-C{\overset{\displaystyle O}{\underset{\displaystyle O-CH_2-CH_2-CH-CH_3}{}}}$ mit CH_3	Bestandteil des Bananenaromas
Propionsäureisopropyl-ester (2-Methylpropyl-propanoat)	$C_2H_5-C{\overset{\displaystyle O}{\underset{\displaystyle O-CH_2-CH-CH_3}{}}}$ mit CH_3	Bestandteil des Rumaromas
Buttersäuremethylester (Methylbutanoat)	$C_3H_7-C{\overset{\displaystyle O}{\underset{\displaystyle O-CH_3}{}}}$	Bestandteil des Ananasaromas
Palmitinsäurecetylester (Hexadecylhexadeca-noat)	$C_{15}H_{31}-C{\overset{\displaystyle O}{\underset{\displaystyle O-C_{16}H_{33}}{}}}$	Wachs aus Walrat
Palmitinsäuremyricyl-ester (Triacontylhexade-canoat)	$C_{15}H_{31}-C{\overset{\displaystyle O}{\underset{\displaystyle O-C_{30}H_{61}}{}}}$	Bienenwachs

Die IUPAC-Nomenklatur ist in Klammern beigefügt.

Eigenschaften von Estern

Kurzkettige Carbonsäureester sind farblose Flüssigkeiten von fruchtartigem, süßlichem Geruch. Die höheren Ester sind geruchlos. Sie reagieren neutral und haben eine geringere Dichte als Wasser. Sie enthalten keine Hydroxygruppen und können keine H-Brücken ausbilden. Demzufolge sind sie *wasserunlöslich*.

Reaktionen der Ester

Durch Mineralsäuren (z. B. Salzsäure) werden Carbonsäureester in ihre Bestandteile – Carbonsäure und Alkohol – zerlegt. Die Reaktion ist jedoch nicht vollständig, sondern führt zu einem ▶ Gleichgewicht (S. 31). Man bezeichnet sie als *saure Hydrolyse*.

$$R_1 - C\!\!\underset{\underline{O}-R}{\overset{O}{<}} \; + \; H_2O \; \overset{H^+}{\rightleftharpoons} \; R_1 - C\!\!\underset{\underline{O}-H}{\overset{O}{<}} \; + \; R-OH$$

Durch Kochen von Carbonsäureestern mit Laugen entstehen Alkohole und Salze von Carbonsäuren.

Diese Reaktion verläuft vollständig. Man bezeichnet sie als *alkalische Hydrolyse*.

$$R_1 - C\!\!\underset{\underline{O}-R}{\overset{O}{<}} \; + \; OH^{\ominus} \; \longrightarrow \; R_1 - C\!\!\underset{\underline{O}^{\ominus}}{\overset{O}{<}} \; + \; R-OH$$

MERKE

Die alkalische Hydrolyse führt zur Bildung von Seifen.
Der Vorgang heißt deshalb **Verseifung**.

Fette

Fette sind dreifache Ester aus Glycerol (Propan-1, 2, 3-triol) und Fettsäuren, man nennt sie daher auch *Triglyceride.*

Bei Raumtemperatur feste Fette lassen sich leicht verflüssigen. Bei Raumtemperatur flüssige Fette (fette Öle) enthalten eine höheren Anteil an *ungesättigten* Fettsäuren.

Sie lassen sich deshalb auch leicht durch katalytische Hydrierung in feste Fette umwandeln.

Jedes Molekül eines natürlichen Fetts enthält verschiedene Fettsäurereste (*intra*molekulares Gemisch). Weiterhin ist jedes Fett ein Gemisch verschiedener Fettmoleküle (*inter*molekulares Gemisch).

$$
\begin{array}{ccc}
H & & |\underline{O}| \\
| & & \| \\
H-C-\underline{O}- & C-C_{15}H_{31} \\
| & & |\underline{O}| \\
& & \| \\
H-C-\underline{O}- & C-C_{17}H_{35} \\
| & & |\underline{O}| \\
& & \| \\
H-C-\underline{O}- & C-C_{17}H_{33} \\
| & & \\
H & &
\end{array}
$$

> **MERKE**
>
> Fette haben deshalb keinen exakten Schmelzpunkt, sondern einen *Schmelzbereich*.

Struktur der Fettmoleküle

Die Raumstruktur der gesättigten und ungesättigten Fettsäurereste unterscheidet sich nur in einem kleinen Bereich: Die Bindungswinkel zwischen den Atomen der Kohlenstoffkette betragen einheitlich 109,5°.

Dies gilt auch für die Mehrheit der Kohlenstoffatome der *ungesättigten* Fettsäuren, mit Ausnahme der Atome, zwischen denen Doppelbindungen vorliegen. Dort gibt es Kohlenstoffatome mit einem Bindungswinkel von 120°. Diese abweichenden Bindungswinkel verhindern eine gleichmäßige und dichte Anordnung der Kohlenwasserstoffketten. Dadurch kann sich zwischen den Fettmolekülen kein stabiles Festkörpergitter ausbilden: Der Schmelzbereich liegt bei niedrigeren Temperaturen als bei Fetten mit gesättigten Fettsäuren.

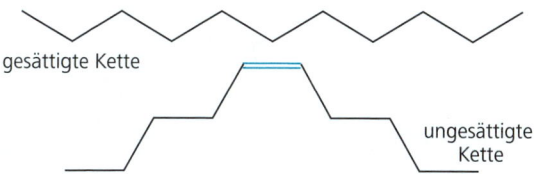

gesättigte Kette

ungesättigte Kette

> **MERKE**
>
> Der Anteil der ungesättigten Fettsäuren bestimmt den Schmelzbereich eines Fettes. Je höher dieser Anteil, desto niedriger liegt der Schmelzbereich.

Eigenschaften von Fetten

◆ Fette sind nicht wasserlöslich und fühlen sich „schmierig" an. Feste Fette sind streichbar.

◆ Fette sind nicht unbegrenzt haltbar, sondern können durch bestimmte Einflüsse zersetzt werden. Sie werden bei längerer Lagerung durch Einfluss von *Bakterien* und *Luftfeuchtigkeit* in ihre Bestandteile zerlegt. Die freigesetzten Fettsäuren machen das Fett ranzig und verleihen ihm einen unangenehmen Geruch bzw. Geschmack.

◆ Die *Überhitzung* von Fetten, vor allem beim Frittieren, führt zur Bildung von stechend riechendem Acrolein.

Glycerol   Acrolein

◆ Die Reaktion von Fett mit *Sauerstoff* unter Einfluss von *Licht* und *Wärme* führt zur Bildung von Peroxiden, die zu unangenehm riechenden Aldehyden und freien Fettsäuren weiterreagieren.

Hydroperoxid   Aldehyde

6.7   Seifen und Tenside (waschaktive Substanzen)

Bei Einwirkung von Natronlauge im geringen Überschuss auf Fette entsteht eine schleimige, fadenziehende Masse, der Seifenleim (▶ alkalische Hydrolyse von Estern, S. 110). Ein Zusatz von Kochsalz trennt diesen Leim in eine wässrige Phase, die Glycerol, Salz und überschüssige Lauge enthält, und einen aufschwimmenden Seifenkern.

> **MERKE**
>
> **Seifen** sind Salze von Fettsäuren. Die Verseifung mit Natronlauge führt zur Bildung der harten *Kernseife,* Kalilauge ergibt weiche *Schmierseife.*

Eigenschaften von Seifen und Tensiden

Kern- und Schmierseife erfahren durch Wasser eine Hydrolyse. Diese führt zu einer *starken* Lauge und einer *schwachen* Säure. Seifenlösungen sind daher stark alkalisch.

Seifenanion   Fettsäuremolekül

Seifen sind bei längerem Gebrauch hautschädigend. Synthetisch hergestellte *Tenside* enthalten anstelle der schwächer sauren Carboxygruppe eine stark saure *Sulfonsäuregruppe.*

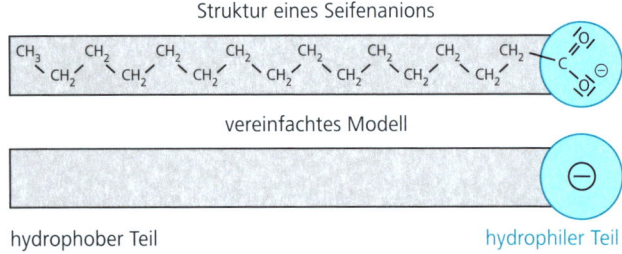

$CH_3(CH_2)_n$ $\rangle$ CH —⬡— SO_3^- Alkylbenzolsulfonat
$CH_3(CH_2)_n$

$CH_3(CH_2)_n$ $\rangle$ CH — SO_3^- Alkylsulfonat
$CH_3(CH_2)_n$

Eine wässrige Lösung dieser Tenside ist daher relativ neutral. Tenside ermöglichen also eine schonendere (beim Menschen hautfreundlichere) Wäsche.

Wirkung von Seifen und Tensiden

Die Anionen von Seifen und Tensiden enthalten die hydrophile Carboxylat- bzw. Sulfonatgruppe, die sich im Wasser löst, sowie eine hydrophobe Kohlenwasserstoffkette, die wasserunlöslich ist.

Struktur eines Seifenanions

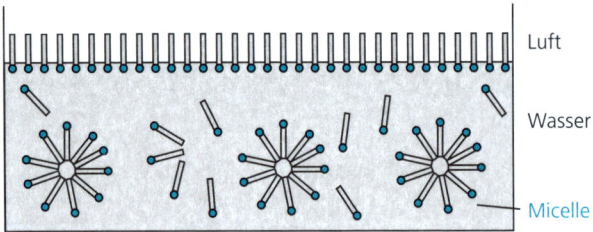

vereinfachtes Modell

hydrophober Teil   hydrophiler Teil

An der Grenzfläche Wasser-Luft und in der Flüssigkeit ergeben sich die folgenden Teilchenausrichtungen:

Luft

Wasser

Micelle

Zwischen den hydrophoben Kohlenwasserstoffresten wirken nur die schwachen Van-der-Waals-Kräfte. Dadurch wird das Netz der starken Wasserstoffbrückenbindungen zwischen den Wassermolekülen, welches für die Bildung der *Oberflächenspannung* verantwortlich ist, stark abgebaut. Folglich sinkt die Oberflächenspannung.

> **MERKE**
>
> Waschaktive Substanzen (Seifen, Tenside) senken die Oberflächenspannung des Wassers. Verschmutzte Materialien können dadurch beim Waschvorgang leichter benetzt (befeuchtet) werden.

Waschvorgang

Lässt man die Lösung eines Tensids in Wasser auf eine beschmutzte fetthaltige Oberfläche einwirken, so lösen sich die hydrophoben Enden im Schmutz, während die hydrophilen Enden aus dem Schmutz herausragen.

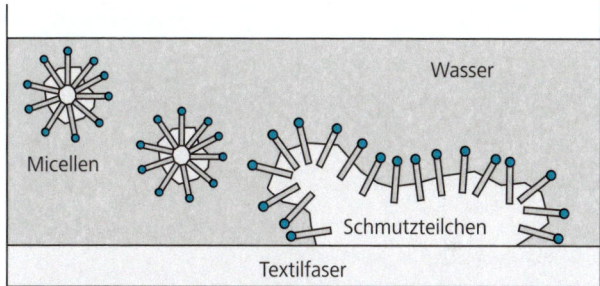

Auf diese Weise wird die ursprünglich hydrophobe Oberfläche der verschmutzten Oberfläche hydrophil und durch Wasser benetzbar: Wassermoleküle dringen in die Schmutzschicht ein und zerstören sie.

Mehrerer Tensidmoleküle schließen mit ihrem hydrophoben Ende einzelne Schmutzpartikel ein, lösen sie von der Textilfaser bzw. Haut und bilden in der Lösung frei bewegliche Teilchenverbände, sogenannte *Micellen.* Auf diese Weise löst sich schließlich der gesamte Schmutz von der Textilfaser bzw. der Haut.

Seifen- und Tensid-Anionen sind also in der Lage, größere Einheiten von festen und flüssigen Verschmutzungen in kleine Teilchen aufzulösen. Dabei entsteht eine Dispersion bzw. eine Emulsion.

> Eine **Dispersion** liegt vor, wenn feste Teilchen in einer Lösung fein verteilt sind. Bei einer **Emulsion** liegt eine fein verteilte Kombination nicht ineinander löslicher Flüssigkeiten vor.

MERKE

Waschaktive Substanzen verfügen über benetzende, dispergierende und emulgierende Eigenschaften.

Seifenlaugen bilden mit hartem, also Ca^{2+}- und Mg^{2+}-haltigem Wasser Kalkseife, die wasserunlöslich ist und ausfällt.

Um dies zu unterbinden, werden *Wasserenthärter,* meist Natrium-Aluminium-Silicate eingesetzt, die in der Lage sind, Ca^{2+}- und Mg^{2+}-Ionen zu binden.

6.8 Kohlenhydrate

Mit den Eiweißstoffen und Fetten bilden die *Kohlenhydrate* die drei wichtigsten Verbindungsklassen unserer Ernährung.
Kohlenhydrate werden in Pflanzen durch Fotosynthese aus Kohlenstoffdioxid und Wasser aufgebaut. Die bei der Fotosynthese entstehende Glucose wird in Form von Polysacchariden gespeichert.

Einteilung der Kohlenhydrate

Kohlenhydrate sind Verbindungen der Elemente Kohlenstoff, Wasserstoff und Sauerstoff und entsprechen der Formel $C_x(H_2O)_y$.
Kohlenhydrate werden nach der Anzahl ihrer Bausteine (mit $x = 6$) in drei Gruppen eingeteilt:

◆ Monosaccharide (Einfachzucker) sind Aldehyde oder Ketone und bestehen aus jeweils *einem* (Zucker-)Baustein mit der Summenformel $C_6H_{12}O_6$.
◆ Oligosaccharide (Mehrfachzucker) bestehen aus 2–15 miteinander verbundenen Zuckerbausteinen.
◆ Polysaccharide sind Biopolymere mit über 15 bis zu mehreren Tausend Zuckerbausteinen.

Monosaccharide

Die wichtigsten Monosaccharide sind *Glucose* (Traubenzucker) und *Fructose* (Fruchtzucker).

Die meisten Zucker, auch Glucose und Fructose, enthalten ▶ asymmetrische Kohlenstoffatome (S. 144), sie sind ▶ optisch aktiv (S. 143).

Der Bau eines Zuckermoleküls wird daher mithilfe der Fischer-Projektion (▶ S. 144) als L- und D-Form gekennzeichnet.

Hierbei wird die Hydroxygruppe des am weitesten von der Keto- oder Aldehydgruppe entfernten asymmetrischen Kohlenstoffatoms betrachtet.

D(+)-Glucose

D(−)-Fructose

Glucose und Fructose enthalten *sechs* Kohlenstoffatome im Molekül: Man bezeichnet sie als **Hexosen.**

Glucose besitzt eine Aldehydgruppe und ist daher eine *Aldose.* Fructose mit ihrer Ketogruppe ist eine *Ketose*.

Ringformen der Monosaccharide

Werden die Zuckermoleküle mit einem Molekülbaukasten nachgebaut, erkennt man unschwer, dass sich für Glucose und Fructose ringförmige Molekülstrukturen ergeben können.

Diese räumliche Nähe der Molekülenden erklärt die Möglichkeit einer intramolekularen Umlagerung, die zu ringförmigen Strukturen führt.

Durch den Ringschluss wird aus dem Kohlenstoffatom der ▶ Carbonylgruppe (S. 102) ein weiteres asymmetrisches Kohlenstoffatom, das sogenannte *anomere Kohlenstoffatom.*

Auf diese Weise bilden sich zwei mögliche Strukturen, die α- und β-Form, die die Ebene des polarisierten Lichtes unterschiedlich drehen.

α-D-Glucose   D-Glucose   β-D-Glucose

α- und β-Form sind ▶ Stereoisomere (S. 139). Man bezeichnet sie als **Diastereomere**.

Fructose bildet ebenfalls ringförmige Moleküle, im Gegensatz zur Glucose jedoch meist als Fünfringe:

α-D-Fructose   D-Fructose   β-D-Fructose

Zur Skizzierung der Ringformen wird die **Haworth-Projektion** bevorzugt, die das betrachtete Molekül in einer Ebene darstellt, wobei die dick gezeichneten Bindungen aus der Papierebene herausragend gedacht sind. Das jeweils anomere Kohlenstoffatom wird nach rechts gezeichnet.

α-D(+)-Glucose β-D(−)-Fructose

> **MERKE**
>
> Bei Glucose und Fructose liegen in wässriger Lösung die Ringformen und die offenkettige Form in einem Gleichgewicht vor.

Eigenschaften von Monosacchariden

Die Monosaccharide sind aufgrund der großen Anzahl von Hydroxygruppen in ihren Molekülen kristalline Feststoffe, die in Wasser gut löslich sind. Die Lösungen schmecken süß.

Löst man α-D-(+)-Glucose in Wasser und misst sofort den optischen Drehwinkel, so ergibt sich ein Wert von $[\alpha] = +112°$. Er ändert sich mit der Zeit auf $+52,7°$ und bleibt dann konstant.

In der wässrigen Lösung lagert sich ein Teil der α-D-(+)-Glucose in β-D-(+)-Glucose um, wobei sich langsam ein Gleichgewicht zwischen beiden Formen einstellt. Der sich einstellende Drehwinkel ergibt sich aus der Zusammensetzung des Gleichgewichts.

> **MERKE**
>
> Die Veränderung des Drehwinkels bei der Einstellung des Gleichgewichtszustandes nennt man *Mutarotation.*

Oligosaccharide

Die Moleküle wichtiger Oligosaccharide bestehen aus *zwei* Monosaccharid-Bausteinen und tragen die Bezeichnung *Disaccharide.* Sie zeigen typische Eigenschaften der Monosaccharide: Sie sind kristallin, wasserlöslich und schmecken süß.

Struktur der Disaccharide

Die Verknüpfung der beiden Monosaccharid-Moleküle erfolgt über deren *Ringform*: Jeweils zwei Kohlenstoffatome sind über eine Sauerstoffbrücke (Etherbrücke) miteinander verbunden.

Die **Maltose** (Malzzucker) besteht aus zwei Einheiten der α-Glucose, in der das anomere Kohlenstoffatom (C-1) des einen Glucosemoleküls über die Sauerstoffbrücke an das „gegenüberliegende" Kohlenstoffatom (C-4) des zweiten Glucosemoleküls gebunden ist. Bei der Maltose behält *eine* der Glucoseeinheiten die Möglichkeit, den Ring am anomeren Kohlenstoffatom zu öffnen. Damit hat dieser Zucker wegen der sich bildenden Aldehydgruppe ▶ *reduzierende* Eigenschaften (S. 103).

α-Maltose

Saccharose (Rohrzucker) besteht aus einer Kombination von α-Glucose mit β-Fructose. Die Bindung zwischen den beiden Einheiten verknüpft die beiden anomeren Kohlenstoffatome (1-2-Verknüpfung).

Saccharose

Sind bei einem Disaccharid beide anomere Kohlenstoffatome miteinander verknüpft, können sich beide Ringe nicht öffnen. Saccharose ist daher *nicht* reduzierend.

> Zucker mit einer 1-4-Verknüpfung (z. B. Maltose) haben reduzierende
> Eigenschaften. Außerdem zeigen sie Mutarotation.
> Zucker mit einer Verknüpfung der anomeren Kohlenstoffatome (z. B. Sac-
> charose) haben keine reduzierenden Eigenschaften und zeigen auch keine
> Mutarotation.

Polysaccharide

Die wichtigsten Polysaccaride – Stärke, Glykogen und Cellulose – sind aus
D-Glucose aufgebaut. Hunderte bis Tausende von Glucose-Ringen sind ket-
tenförmig miteinander verknüpft.

Stärke ist das Reservekohlenhydrat der Pflanzen. Man findet sie vor allem in
Kartoffeln und Getreide in Form von Stärkekörnern. Diese enthalten zwei
unterschiedliche Polysaccharide: wasserunlösliches *Amylopektin* in der Hülle, wasserlösliche *Amylose* im Innern.

Amylose besteht aus 1-4-verknüpften α-D-Glucoseeinheiten. Sie bildet unverzweigte Ketten mit 100–1400 Glucoseringen.

Amylopektin besitzt zusätzlich zu den 1-4-Verknüpfungen noch 1-6-Ver-
knüpfungen. Dadurch bilden sich verzweigte Ketten mit einer der Amylose
entsprechenden Länge, aber kurzen Seitenketten von ca. 25 Glucose-Einhei-
ten.

Amylose (Ausschnitt)

Amylopektin (Ausschnitt)

Amylose lässt sich mithilfe der Iod-Stärke-Reaktion nachweisen (▶ s. Internet). *Glykogen* bildet das Nahrungsdepot der Tiere. Es ähnelt dem Amylopektin, allerdings mit dichterer Kettenverzweigung und kürzeren Ketten.

Cellulose dient zum Aufbau unlöslicher, gerüstbildender Fasern. Sie ist Hauptbestandteil der pflanzlichen Zellmembran und damit das Polysaccharid der Baumwolle und des Holzes. In der Cellulose liegt eine 1-4-Verknüpfung von β-D-Glucoseeinheiten vor, d. h., die Glucosemoleküle sind jeweils um 180° gegeneinander versetzt angeordnet.

Jede Pflanzenfaser besteht aus Bündeln von Celluloseketten (Kettenlänge 100 bis mehrere 1000 Einheiten), die durch Wasserstoffbrückenbindungen zusammengehalten werden.

Cellulose (Ausschnitt)

6.9 Proteine (Eiweißstoffe)

Grundbausteine der Eiweißstoffe sind die *Aminosäuren,* die kettenartig miteinander verknüpft sind. Je nach Größe des entstehenden Polymers unterscheidet man Peptide (2–9 Aminosäureeinheiten), Polypeptide (10–100 Aminosäureeinheiten) und Proteine (mehr als 100 Aminosäureeinheiten).

Aminosäuren

Aminosäuren enthalten neben der funktionellen ▶ Carboxygruppe (S. 104) eine Aminogruppe ($-NH_2$). In den natürlich vorkommenden Aminosäuren ist die Aminogruppe ausnahmslos an das Kohlenstoffatom gebunden, das der Carboxygruppe benachbart ist.

> **MERKE**
>
> Die natürlich vorkommenden Aminosäuren bezeichnet man als 2-Aminosäuren (alte Bezeichnung: α-Aminosäuren).

Die Aminosäuren sind mit der Ausnahme von Glycin (R = H) ▶ *optisch aktiv* (S. 143). Alle 2-Aminosäuren, die in Proteinen auftreten, besitzen die *L-Konfiguration.*

$$H_2N - \overset{\displaystyle COOH}{\underset{\displaystyle R}{C}} - H$$

Eigenschaften von Aminosäuren

Aminosäuren sind Feststoffe, die kurzkettigen lösen sich gut in Wasser, die Schmelztemperaturen liegen zwischen 175 °C und 300 °C und damit relativ hoch.

Die Moleküle dieser Säuren müssen also durch starke elektrostatische Kräfte zusammengehalten werden, wie sie auch in ▶ Ionengittern (s. Internet) auftreten. Innerhalb eines Aminosäuremoleküls findet eine intramolekulare Protolyse statt, bei der die Carboxygruppe ein Proton abgibt und die Aminogruppe dieses aufnimmt. Es kommt zur Bildung eines *Zwitterions.*

Die starke gegenseitige Anziehung der Zwitterionen ist bei Aminosäuren für die hohe Stabilität des Festkörpergitters verantwortlich.

Die Aminosäuren sind aufgrund der basischen NH_2- und der sauren COOH-Gruppe *amphoter,* d. h., sie bilden sowohl mit Säuren als auch mit Basen Salze. Bei einem für jede Aminosäure charakteristischen ▶ pH-Wert (S. 48 ff.), dem *isoelektrischen Punkt,* liegen die Säuremoleküle auch in Lösung als Zwitterionen vor.

Übersicht einiger wichtiger Aminosäuren

H — CH — COOH 　　　 | 　　 NH$_2$ Glycin	CH$_3$ — CH — CH — COOH 　　　　 |　　 | 　　　 CH$_3$　 NH$_2$ Valin
CH$_3$ — CH — COOH 　　　　 | 　　　 NH$_2$ Alanin	⬡ — CH$_2$ — CH — COOH 　　　　　　　 | 　　　　　　 NH$_2$ Phenylalanin
HO — CH$_2$ — CH — COOH 　　　　　 | 　　　　 NH$_2$ Serin	HS — CH$_2$ — CH — COOH 　　　　　 | 　　　　 NH$_2$ Cystein
HOOC — CH$_2$ — CH$_2$ — CH — COOH 　　　　　　　　　 | 　　　　　　　　 NH$_2$ Glutaminsäure	
H$_2$N — CH$_2$ — CH$_2$ — CH$_2$ — CH$_2$ — CH — COOH Lysin　　　　　　　　　　 NH$_2$	

Peptidbindung

Bei der Verknüpfung von Aminosäuren reagiert die Carboxygruppe einer Aminosäure mit einer Aminogruppe einer zweiten Aminosäure, deren Carboxygruppe dann wiederum mit der Aminogruppe der nächsten reagieren kann usw. Die Verknüpfung heißt *Peptidbindung*.
Je nach Anzahl der miteinander verknüpften Aminosäuren entstehen dabei Dipeptide (*di* = zwei) bis zu Polypeptiden (*poly* = viel).

Benennung der Peptide

Peptide werden zeichnerisch so dargestellt, dass die Aminogruppe der ersten Aminosäure an die linke, die Carboxygruppe der letzten Aminosäure an die rechte Seite orientiert werden.

Die Namensgebung ist dann denkbar einfach: Man startet an der Seite der freien Aminogruppe mit der ersten Aminosäure und der Endung **-yl** und hängt alle weiteren Reste entsprechend an. Bei der letzten Aminosäure bleibt deren Name unverändert.

BEISPIEL

$$H_3\overset{\oplus}{N}-CH_2-\overset{\overset{\textstyle O}{\|}}{C}-NH-\overset{\overset{\textstyle CH_3}{|}}{\underset{}{CH}}-\overset{\overset{\textstyle O}{\|}}{C}-NH-\overset{\overset{\textstyle CH_2-SH}{|}}{CH}-COO^{\ominus}$$

Glycyl	alanyl	cystein
Aminosäure 1	Aminosäure 2	Aminosäure 3

Gly ————— Ala ————— Cys

Struktur von Proteinen

Proteine, also Ketten von mehr als 100 verknüpften Aminosäuren, haben geordnete dreidimensionale Strukturen. Diese Anordnung bestimmt letztlich die chemischen Eigenschaften des Proteins.

Es gibt eine sehr große Zahl verschiedener Eiweißstoffe. Das hat mehrere Gründe:

◆ Die Eiweißstoffe enthalten unterschiedlich viele *Arten* von Aminosäuren.
◆ Die Kettenlänge der Eiweißmoleküle ist von Stoff zu Stoff verschieden. Dadurch ist auch die *Gesamtzahl* der gebundenen Aminosäuren unterschiedlich.
◆ Die Aminosäuremoleküle sind in unterschiedlicher *Reihenfolge* miteinander verknüpft.

BEISPIEL Bereits mit je zwei Molekülen Alanin und Cystein gibt es vier verschiedene Kombinationsmöglichkeiten.

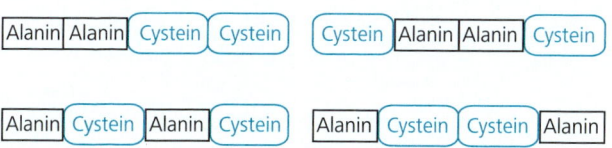

> Die Abfolge der einzelnen Aminosäuren in der Kette, die so genannte
> Aminosäurensequenz, bildet die **Primärstruktur.**

Zwischen einzelnen Teilen *mehrerer* langkettiger Eiweißmoleküle oder auch
innerhalb *eines* Moleküls liegen zusätzliche Bindungen vor, wie z. B. ▶ Wasserstoffbrückenbindungen (s. Internet).
Dadurch entstehen zwei weitere Strukturen, die sogenannte α-Helix und die
Faltblattstruktur.

> Die Raumstruktur der Peptidkette, die durch die größtmögliche Zahl von
> intramolekularen Wasserstoffbrückenbindungen zustande kommt, bildet
> die **Sekundärstruktur.**

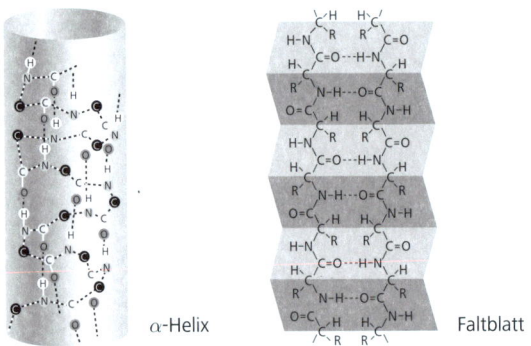

α-Helix   Faltblatt

Durch Verknäulen und Falten der Polypeptidketten werden zusätzliche Wasserstoffbrücken, Bindungen zwischen ionischen Gruppen und Disulfidbrü-
cken (Schwefelbrücken) gebildet.

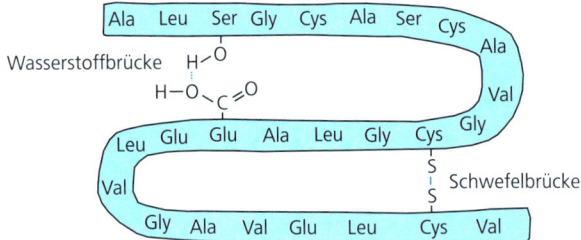

> Die Struktur von Eiweißmolekülen, die sich aus der räumlichen Anordnung von α-Helix bzw. Faltblatt ergibt, bildet die **Tertiärstruktur.**

Aus diesem Grund kommen Eiweißstoffe in der Natur als sehr kompliziert gebaute Moleküle vor.

Eigenschaften der Proteine

Eiweißstoffe sind – wie Fette – gegenüber bestimmten Einflüssen unbeständig. So wird ihre Tertiärstruktur beim *Erhitzen* sowie durch *Säuren* und *Schwermetall-Ionen* zerstört. Das Eiweiß bildet Klumpen, es gerinnt.

MERKE

Das Gerinnen ist eine typische Eigenschaft von Proteinen. Dieser Vorgang ist nicht umkehrbar. Man bezeichnet ihn daher als *Denaturierung*.

6.10 Kunststoffe

Kunststoffe bestehen aus *Makromolekülen,* die sich aus vielen kleinen Einzelmolekülen, den *Monomeren,* zusammensetzen. Diese Moleküle haben die Eigenschaft, sich miteinander oder mit anderen Molekülen zu langen Ketten oder zu vernetzten Strukturen zu verknüpfen.

Herstellung von Kunststoffen

Je nach Eigenschaft der Monomere gibt es drei verschiedene Reaktionsarten.
◆ *Polymerisation:* Moleküle mit einer oder mehreren Doppelbindungen reagieren miteinander.
◆ *Polykondensation:* Alkandisäuren reagieren mit zweiwertigen Alkoholen oder mit Stoffen, deren Moleküle zwei Aminogruppen enthalten.
◆ *Polyaddition:* Moleküle mit polaren Doppelbindungen addieren polare Moleküle.

Polymerisation

Eine *Polymerisation* ist eine Reaktion, bei der sich sehr viele kleine Moleküle – *Monomere* – miteinander zu langen Ketten – *Polymere* – verbinden. Die Einleitung der Reaktion erfolgt durch einen Starter, ein reaktives Molekül, welches unter Lichteinwirkung in Radikale (s. Internet „chemische Radikale") zerfällt.

Diese Radikale können Doppelbindungen angreifen, wobei wiederum ein Radikal entsteht.

Die weitere Anlagerung von Molekülen führt zur Kettenbildung:

Der Kettenabbruch erfolgt durch Reaktion zweier Radikale (auch zweier Radikalketten) miteinander.

BEACHTE   Die Polymerisation benötigt neben dem Starter einen Ausgangsstoff, dessen Moleküle in der Regel mindestens eine C–C-Doppelbindung enthalten müssen.

BEISPIEL   Aus dem monomeren Ethen entsteht Polyethylen (PE), aus Monochlorethen (Vinylchlorid) entsteht Polyvinylchlorid (PVC).

Polyaddition

Bei der *Polyaddition* findet eine Addition von Alkoholmolekülen an *polare* Doppelbindungen statt.

$$\underset{\diagup}{\diagdown} \overset{\delta+}{X} = \overset{\delta-}{Y} \underset{\diagdown}{\diagup} \; + \; H-OR \longrightarrow \; -\overset{|}{\underset{|}{X}}-\overset{|}{\underset{|}{Y}}-$$
$$\qquad\qquad\qquad\qquad\qquad OR \quad H$$

Besitzen die beiden Reaktionspartner jeweils zwei funktionelle Gruppen, bilden sich aus beiden Monomeren langkettige Polyadditionsprodukte.

BEISPIEL Isocyanate reagieren mit zweiwertigen Alkoholen zu Polyurethanen:

$$O = C = N - (CH_2)_n - \overset{\delta-}{N} = \overset{\delta+}{C} = O \qquad + \qquad HO - (CH_2)_m - OH$$

$$\downarrow$$

$$\dots (CH_2)_n - \overset{H}{\underset{|}{N}} - \overset{O}{\overset{\|}{C}} - O - (CH_2)_m \dots$$

Moleküle mit zwei funktionellen Gruppen führen zu *kettenförmigen* ▶ Thermoplasten (S. 131), Moleküle mit drei funktionellen Gruppen zu *vernetzten* ▶ Duroplasten (S. 132).

BEACHTE Die Polyaddition erfolgt im Unterschied zur ▶ Polykondensation *ohne* Bildung eines niedermolekularen Nebenproduktes.

Polykondensation

Eine Kondensationsreaktion verläuft nach *demselben* Mechanismus wie eine Veresterung. Dabei vereinigen sich zwei Moleküle unter Abspaltung eines dritten, kleineren Moleküls (z. B. Wasser, Chlorwasserstoff).
Bei einer Polykondensation müssen die beiden Monomere über mindestens *zwei* funktionelle Gruppen verfügen, die unter Abspaltung des Nebenproduktes zu langen Ketten verknüpft werden.

◆ Bei der Verknüpfung von Carboxygruppen mit Hydroxygruppen entstehen *Polyester.*
◆ Bei der Verknüpfung von Carboxygruppen mit Aminogruppen entstehen *Polyamide.*

BEISPIEL PET (**P**oly**e**thylen**t**erephthalat) ist ein Polyester, aus dem Getränkeflaschen, aber auch Textilien (Trevira) hergestellt werden.

$$\ldots + HO-CH_2-CH_2-OH + HOOC-\langle\bigcirc\rangle-COOH + HO-CH_2-CH_2-OH + \ldots$$

$$\downarrow \quad -n\ H_2O$$

$$\ldots -O-CH_2-CH_2-O-\underset{O}{\overset{\|}{C}}-\langle\bigcirc\rangle-\underset{O}{\overset{\|}{C}}-O-CH_2-CH_2-O- \ldots$$

PET

Nylon ist ein Polyamid, aus dem Textilien hergestellt werden.

$$\ldots + \underset{H}{\overset{H}{N}}-(CH_2)_6-\underset{H}{\overset{H}{N}} + HOOC-(CH_2)_4-COOH + \underset{H}{\overset{H}{N}}-(CH_2)_6-\underset{H}{\overset{H}{N}} + \ldots$$

$$\downarrow \quad -n\ H_2O$$

$$\ldots -NH-(CH_2)_6-NH-\underset{O}{\overset{\|}{C}}-(CH_2)_4-\underset{O}{\overset{\|}{C}}-NH-(CH_2)_6-NH- \ldots$$

Nylon

Beispiel für einen *Biokunststoff* ist die Polymilchsäure (PLA, „*polymer lactic acid*"), ein thermoplastischer Polyester, der durch Polykondensation von Milchsäuremolekülen entsteht. Ausgangsstoffe sind zucker- bzw. stärkehaltige Rohstoffe (Mais, Kartoffeln etc.), aus denen durch Fermentation das Monomer Milchsäure hergestellt wird. Verwendung findet PLA vor allem bei Verpackungen für Lebensmittel.

$$HOOC-\underset{CH_3}{\overset{|}{CH}}-OH + \left[HOOC-\underset{CH_3}{\overset{|}{CH}}-OH\right]_n + HOOC-\underset{CH_3}{\overset{|}{CH}}-OH$$

$$\downarrow -n\ H_2O$$

$$HOOC-\underset{CH_3}{\overset{|}{CH}}-O-\left[OC-\underset{CH_3}{\overset{|}{CH}}-O\right]_n OC-\underset{CH_3}{\overset{|}{CH}}-OH$$

> **MERKE**
>
> Moleküle mit zwei funktionellen Gruppen führen wie bei der Polyaddition zu *kettenförmigen* ▶ Thermoplasten, Moleküle mit drei funktionellen Gruppen zu *vernetzten* ▶ Duroplasten (S. 132).

Struktur und Eigenschaften von Kunststoffen

Als Ergebnis verschiedener Kunststoffsynthesen entstehen – unabhängig vom Verfahren – lange Molekülketten, die abhängig vom jeweiligen Ausgangsstoff mehr oder weniger unverzweigt sind oder über Seitenketten mehr oder weniger stark vernetzte Molekülgerüste bilden.

> Nach ihrem Verhalten beim Erhitzen werden Kunststoffe in zwei Gruppen eingeteilt: **Thermoplaste** und **Duroplaste.**

Eine dritte Gruppe, die *Elastomere,* zeichnet sich durch gummielastische Eigenschaften aus.

Thermoplaste bestehen aus sehr langen, meist unverzweigten Molekülketten. Die einzelnen Molekülketten sind nicht miteinander verbunden. Thermoplaste lassen sich ohne Veränderung der Makromoleküle schmelzen. Sie erweichen beim Erwärmen und sind dann plastisch verformbar. Kühlen sie ab, so erhärten sie wieder.

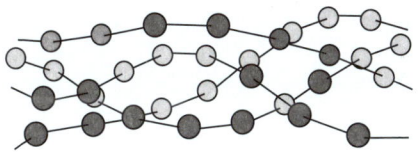

BEISPIELE

Name	Verwendung
Polyethen (PE)	Plastikbeutel, Eimer, Folien
Polyvinylchlorid (PVC)	Fußbodenbeläge, Schallplatten
Polystyrol (PS)	Schaumstoff für Verpackungen
Polyethenterephthalat (PET)	Textilfasern, Getränkeflaschen
Polyamide (PA)	Strumpfhosen, Dübel, Angelschnur

Duroplaste bestehen aus eng miteinander vernetzten Makromolekülen. Sie sind nicht schmelzbar, spröde und härter als Thermoplaste.
Eine plastische Verformung in der Wärme ist nicht möglich. Bei hohen Temperaturen findet eine Zersetzung statt.

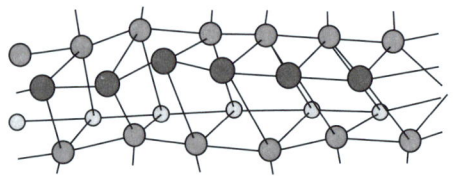

BEISPIELE

Name	Verwendung
Phenoplaste (PF)	Gehäuseteile, elektrisches Isoliermaterial
Aminoplaste (MF)	Kochlöffel, Kunststofffurniere

Elastomere bestehen aus Makromolekülen, die nur sehr weitmaschig verknüpft sind. Diese Kunststoffe sind daher gummielastisch.

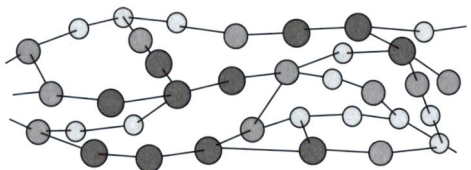

Sie lassen sich durch äußere Krafteinwirkung verformen und nehmen anschließend wieder ihre ursprüngliche Form an. Beim Erhitzen zersetzen sie sich ähnlich wie die Duroplaste.

BEISPIELE

Name	Verwendung
Polyurethan (PU)	Matratzen, Schwammtücher
Kautschuk	Schläuche, Autoreifen

Ökologische Aspekte

Im Unterschied zu Naturstoffen kann der Abbau von herkömmlichen Kunststoffen mehrere Millionen Jahre dauern. Die Entsorgung verbrauchter Kunststoffprodukte hat daher zu einer weltweiten Belastung der Umwelt geführt. Neu entwickelte *Biokunststoffe* (▶ S. 130) vereinen zwei wesentliche Eigenschaften: Ihre Herstellung aus nachwachsenden Rohstoffen und ihre biologische Abbaubarkeit innerhalb weniger Jahre. Vorteile sind die Verfügbarkeit der Ressourcen und die *Nachhaltigkeit.* Darunter versteht man ein Konzept, das ökologische, ökonomische und menschliche Interessen gleichberechtigt und dauerhaft miteinander verbindet.

6.11 Farbstoffe

Absorbiert eine Verbindung beim Bestrahlen mit weißem Licht einen bestimmten Teil im Bereich des sichtbaren Spektrums (400–800 nm), so erscheint sie farbig. Vom menschlichen Auge wird der nicht absorbierte, reflektierte Teil des Spektrums wahrgenommen. Dieser Teil entspricht der Komplementärfarbe des absorbierten Lichtes.

> **MERKE**
>
> Die Farben zweier Lichter, die zusammen weißes Licht ergeben, nennt man Komplementärfarben.

Strukturmerkmale von Farbstoffmolekülen

Farbstoffmoleküle müssen durch Licht leicht anregbare Elektronen, vorzugsweise π-Elektronen, aufweisen. Sie besitzen daher in der Regel die folgenden Strukturbausteine:

Ein Kohlenstoffgerüst mit Mehrfachbindungen, das sogenannte π-System. Dieses System wird als *Chromophor* (griech. *chroma:* Farbe und *phoros:* tragend) bezeichnet.

    Alkengruppe   Carbonylgruppe   Azogruppe   Chinongruppe

Viele Farbstoffe enthalten an das Chromophor gebunden zwei Substituenten: eine Elektronen liefernde Gruppe (Elektronendonator D) und eine Elektronen ziehende Gruppe (Elektronenakzeptor A).

Die Elektronendonatoren bezeichnet man als *Auxochrome* (gr. *auxein,* vermehren). Es sind Gruppen, die einen + I- bzw. einen + M-Effekt (▶ S. 105/106) ausüben.

BEISPIEL

D   — OR   — NR_2 — H

          — O^- — NH_2 — C_6H_5

Die Elektronenakzeptoren bezeichnet man als *Antiauxochrome.* Es sind Gruppen, die einen – I- bzw. einen – M-Effekt ausüben.

BEISPIEL

A $\overset{R}{\underset{}{\diagdown}}C = O$ — COOH   — N = NR

                          — C ≡ N   — NO_2

Ein bekanntes Beispiel für ein Molekül mit auxochromer und antiauxochromer Gruppe ist das für das Farbsehen des Auges verantwortliche Farbstoffmolekül Retinal:

MERKE

Eine Verbindung erscheint nur dann farbig, wenn sich ein ausgedehntes chinoides System (▶ S. 101) bilden kann.

Diese Überlagerung von Elektronensystemen ist nur in weitgehend *ebenen* Systemen möglich. Die Bindungswinkel zwischen doppelt gebundenen Kohlenstoffatomen betragen 120°. Die erforderlichen Bedingungen sind also erfüllt.

Einteilung der Farbstoffe

Die Farbstoffe lassen sich anhand ihres chromophoren Grundgerüstes in verschiedene Gruppen einteilen:

Azofarbstoffe

Azofarbstoffe enthalten die sogenannte *Azogruppe* ($-N=N-$) als Chromophor. Diese Farbstoffe, die sich durch große Lichtechtheit (Farbe bleicht durch Sonnenlicht nicht aus) auszeichnen, dienen zum Färben von Textilien, als Indikatoren und als Lebensmittelfarbstoffe.

BEISPIEL
Methylrot (Indikator)

Die Ausbildung eines mesomeren Elektronensystems ist hier gut darstellbar:

mesomere Strukturen
von Methylrot

Die Indikatorwirkung des Methylrots basiert auf der Abspaltbarkeit des Protons der Carboxygruppe und der Aufnahmemöglichkeit dieses Protons durch eines der Stickstoffatome.

Hierbei wird das delokalisierte Elektronensystem verändert und folglich ändert sich auch die Farbe der Verbindung in Abhängigkeit vom umgebenden sauren oder basischen Medium.

Triphenylmethanfarbstoffe

Triphenylmethanfarbstoffe enthalten als chromophores System das Grundgerüst des *Triphenylmethans.* Sie zeigen eine hohe Farbbrillanz, sind aber wenig lichtecht und finden Verwendung als Plakat-, Druck- und Stempelfarben. Ihre Farbigkeit beruht auf der Ausbildung mesomerer, chinoider Strukturen (▶ S. 101):

Die Substituenten A_1–A_3 sind hier Elektronendonatoren, also *Auxochrome*. In diesen Fällen sind es Gruppen, die aufgrund ihres + M-Effekts mit dem delokalisierten Elektronensystem in Wechselwirkung treten können.

BEACHTE   Mindestens zwei dieser Auxochrome müssen vorliegen, um die notwendige Delokalisation der Elektronen zu gewährleisten.

BEISPIEL   Fuchsin

Phthaleinfarbstoffe

Die *Phthaleine* sind den Triphenylmethanfarbstoffen strukturell verwandt. Der bekannteste Vertreter ist *Phenolphthalein,* das im alkalischen Medium eine rosarote Farbe annimmt und deshalb als Indikator verwendet wird.

BEISPIEL

Die linke protonierte Struktur ist farblos, die rechte deprotonierte Struktur ist kräftig rot gefärbt. Im linken Molekül lässt sich aufgrund der Sauerstoffbrücke kein mesomeres, chinoides System aufbauen, folglich ist es nicht farbig.

Anthrachinonfarbstoffe

Anthrachinonfarbstoffe leiten sich vom Anthrachinon ab, dessen Molekülgerüst mit seiner chinoiden Struktur ein günstiges Chromophor darstellt.

Die Farbstoffe erhält man durch Substitution des Chromophors mit Elektronendonatoren, hier also Auxochromen mit einem ausgeprägten + M-Effekt.

BEISPIEL Ein bekannter Vertreter ist das *Alizarin,* ein orangeroter Farbstoff, der schon im Altertum aus der Krappwurzel gewonnen wurde.

Isomerie organischer Stoffe

7.1 Was ist Isomerie?

Bei organischen Stoffen gibt es häufig solche, deren Summenformeln gleich sind, die sich jedoch in ihren Eigenschaften voneinander unterscheiden.

> Stoffe mit gleicher Summenformel, aber unterschiedlichen Strukturformeln, bezeichnet man als **Isomere** (gr. *isos:* gleich und *meros:* Teil), d.h. aus gleichen Teilen zusammengesetzt.

7.2 Isomeriearten

Isomere Stoffe unterscheiden sich in ihrer Molekülstruktur. Man unterscheidet dabei zwei Arten von Isomerie, die selbst noch weiter unterteilt sind:

Strukturisomerie	Stereoisomerie
Die Atome in isomeren Molekülen sind *unterschiedlich* miteinander verbunden.	Die Atome in isomeren Molekülen sind *identisch* miteinander verbunden, haben jedoch eine unterschiedliche *räumliche* Anordnung.
– Kettenisomerie – Stellungsisomerie – Bindungsisomerie – Funktionsisomerie	– geometrische Isomerie – optische Isomerie

Kettenisomerie

Bei der Kettenisomerie weisen die Moleküle der isomeren Stoffe eine unterschiedliche *Verzweigung* der ▶ Kohlenwasserstoffketten (S. 90) auf.

BEISPIEL Vom Kohlenwasserstoff *Butan* gibt es zwei isomere Moleküle, eines mit unverzweigter und eines mit verzweigter Kette.

$$CH_3 - CH_2 - CH_2 - CH_3 \qquad\qquad CH_3 - \underset{\underset{CH_3}{|}}{C} - CH_3$$

n-Butan   2-Methyl-propan

MERKE

Je mehr Kohlenstoffatome ein Molekül enthält, desto mehr Verzweigungsmöglichkeiten und somit Isomere gibt es.

Stellungsisomerie

Bei der Stellungsisomerie sind die funktionellen Gruppen in den isomeren Molekülen an verschiedenen *Stellen* gebunden.

BEISPIEL Vom Alkohol *Propanol* gibt es je nach Stellung der funktionellen Hydroxygruppe zwei verschiedene Sorten.

$$CH_3 - CH_2 - CH_2 - OH \qquad\qquad CH_3 - \underset{\underset{OH}{|}}{C} - CH_3$$

Propan-1-ol   Propan-2-ol

Bei ▶ aromatischen Verbindungen (S. 93 f.) mit zwei und mehr an den Benzolkern gebundenen funktionellen Gruppen gibt es ebenfalls mehrere Stellungsisomere.

BEISPIEL Mit dem Stoffnamen *Dihydroxybenzol* gibt es drei verschiedene Verbindungen.

| 1,2-Dihydroxybenzol (Brenzkatechin) | 1,3-Dihydroxybenzol (Resorcin) | 1,4-Dihydroxybenzol (Hydrochinon) |

MERKE

Die 1,2-Stellung bezeichnet man auch als ***ortho-Stellung,*** die 1,3-Stellung als ***meta-Stellung*** und die 1,4-Stellung als ***para-Stellung.***

Bindungsisomerie

Die Bindungsisomerie tritt bei Stoffen auf, in deren Molekülen *Mehrfachbindungen* vorliegen. Diese können bei mehr als zwei Kohlenstoffatomen in der Kette an verschiedenen Stellen liegen (deshalb zählt man die Bindungsisomerie oft auch zur *Stellungsisomerie*).

BEISPIEL Vom Kohlenwasserstoff *Buten* gibt es zwei Isomere.

$$CH_2 = CH - CH_2 - CH_3 \qquad CH_3 - CH = CH - CH_3$$
But-1-en But-2-en

Funktionsisomerie

Bei der Funktionsisomerie haben die Moleküle der beteiligten Stoffe bei gleicher Summenformel unterschiedliche *funktionelle Gruppen* und somit vollkommen unterschiedliche Eigenschaften.

BEISPIEL Die Stoffe *Ethanol* und *Dimethylether* haben beide die Summenformel C_2H_6O. Ethanol ist mit Wasser in jedem Verhältnis mischbar und hat eine Siedetemperatur von 78 °C, Dimethylether ist in Wasser unlöslich und bei Zimmertemperatur gasförmig.

$$CH_3 - CH_2 - OH \qquad CH_3 - O - CH_3$$
Ethanol Dimethylether

Geometrische Isomerie

Bei Kohlenwasserstoffketten, die zwischen den Kohlenstoffatomen nur Einfachbindungen enthalten, sind die C–C-Bindungen um ihre Achse frei drehbar. Es besteht also kein Unterschied zwischen

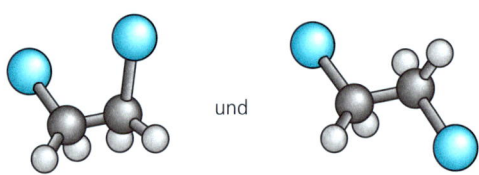

und

bzw. zwischen

$$
\begin{array}{ccc}
X & X \\
| & | \\
H-C-C-H \\
| & | \\
H & H
\end{array}
\qquad und \qquad
\begin{array}{ccc}
X & H \\
| & | \\
H-C-C-H \\
| & | \\
H & X
\end{array}
$$

Enthält die Kohlenwasserstoffkette zwischen zwei oder mehr Kohlenstoffatomen Doppelbindungen, so sind die Bindungen an diesen Stellen *nicht* mehr frei drehbar.

Sind also an den doppelt gebundenen Kohlenstoffatomen unterschiedliche Atome bzw. Atomgruppen gebunden, gibt es jeweils zwei räumliche Isomere:

$$
\begin{array}{ccc}
X & & X \\
\diagdown & & \diagup \\
& C = C & \\
\diagup & & \diagdown \\
H & & H
\end{array}
\qquad\qquad
\begin{array}{ccc}
X & & H \\
\diagdown & & \diagup \\
& C = C & \\
\diagup & & \diagdown \\
H & & X
\end{array}
$$

> Diese räumliche Isomerie bezeichnet man als geometrische Isomerie oder *cis-trans-Isomerie.* Bei der *cis*-Form stehen die gleichen Atome bzw. Atomgruppen auf derselben Seite, bei der *trans*-Form stehen sie einander gegenüber.

BEISPIEL Vom Stoff 1,2-Dichlorethen gibt es zwei Isomere, die sich in ihren physikalischen *und* chemischen Eigenschaften unterscheiden:

$$Cl\diagdown \qquad \diagup Cl$$
$$C=C$$
$$H\diagup \qquad \diagdown H$$

cis-1,2-Dichlorethen

$$Cl\diagdown \qquad \diagup H$$
$$C=C$$
$$H\diagup \qquad \diagdown Cl$$

trans-1,2-Dichlorethen

Optische Isomerie

Es gibt Stoffe, deren wässrige Lösungen die Schwingungsebene von polarisiertem Licht beim Durchstrahlen um einen bestimmten Winkel drehen. Solche Stoffe bezeichnet man als *optisch aktiv*.

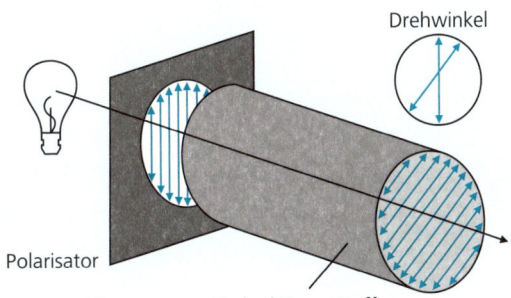

Drehwinkel

Polarisator

Lösung von optisch aktivem Stoff

Nun gibt es solche, die nicht nur die gleiche Summenformel haben, sondern deren Moleküle auch in *allen* Bindungen identisch sind. Sie unterscheiden sich lediglich dadurch, dass ihre Lösungen die Ebene des polarisierten Lichts in einander *entgegengesetzte* Richtungen drehen.

Solche Stoffe nennt man optische Isomere. Ihre Moleküle unterscheiden sich nur in der *räumlichen Anordnung* der gebundenen Atome bzw. Atomgruppen.

BEISPIEL *Milchsäure* kommt in zwei verschiedenen Formen vor. Ihre entsprechenden Moleküle lassen sich nicht zur Deckung bringen, verhalten sich jedoch wie Bild und Spiegelbild.

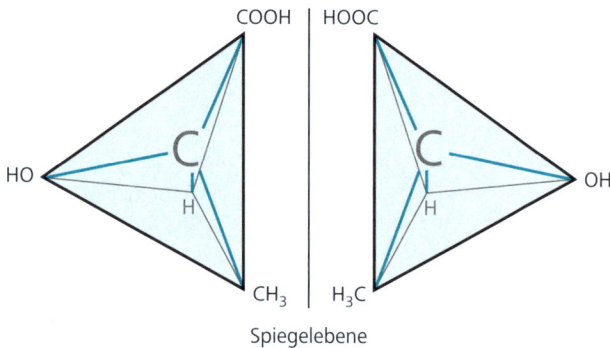

Spiegelebene

In den Molekülen optisch aktiver Stoffe ist mindestens ein Kohlenstoffatom mit *vier verschiedenen* Atomen oder Atomgruppen (Liganden) verbunden.

> Kohlenstoffatome mit vier verschiedenen Liganden bezeichnet man als **asymmetrische Kohlenstoffatome.** Moleküle, deren räumlicher Bau sich wie Bild und Spiegelbild verhalten, bezeichnet man als **Enantiomere.**

Typische Vertreter optisch aktiver Stoffe sind die verschiedenen Arten von ▶ Zuckern (S. 116 ff.), deren Moleküle mehrere asymmetrische Kohlenstoffatome enthalten.
Es ist nicht so einfach, den Unterschied zwischen zwei enantiomeren Molekülen bildlich darzustellen, vor allem auf einem Blatt Papier.
Eine mögliche Lösung ist die sogenannte *Fischer-Projektion,* die – vom Molekülmodell ausgehend – folgende Vereinbarungen enthält:

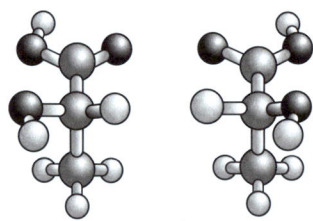

1. Das Modell des betreffenden Moleküls wird so gehalten, dass die Kohlenstoffkette senkrecht ausgerichtet ist.

2. Am oberen Ende der Kette soll sich das Kohlenstoffatom mit der höchsten ▶ Oxidationszahl (S. 62 ff.) befinden.

3. Die beiden vom asymmetrischen Kohlenstoffatom ausgehenden C–C-Bindungen sollen nach hinten weisen.

4. Die beiden horizontalen Bindungen vom asymmetrischen Kohlenstoffatom weisen dann nach vorn.

5. Bei der Projektion des so ausgerichteten Molekülmodells auf die Papierebene ergeben sich somit *zwei* mögliche Darstellungen:

$$
\begin{array}{cc}
\mathrm{COOH} & \mathrm{COOH} \\
| & | \\
\mathrm{HO-C-H} & \mathrm{H-C-OH} \\
| & | \\
\mathrm{CH_3} & \mathrm{CH_3}
\end{array}
$$

Die Darstellung, bei der die am asymmetrischen Kohlenstoffatom gebundene funktionelle Gruppe nach *links* zeigt, entspricht der sogenannten **L-Form** (lat. *laevus:* links). Zeigt die funktionelle Gruppe nach *rechts*, liegt die **D-Form** (lat. *dexter:* rechts) vor.

MERKE

Die L- und die D-Form werden an demjenigen asymmetrischen Kohlenstoffatom festgelegt, das am *weitesten* von der am höchsten oxidierten Gruppe entfernt ist.

L-Form und D-Form enantiomerer Moleküle drehen die Schwingungsebene des polarisierten Lichts um den gleichen Betrag, jedoch in entgegengesetzte Richtungen. Wird die Ebene – in Richtung auf die Lichtquelle – nach *links* gedreht, so ordnet man dieser Form ein *negatives* Vorzeichen zu (–), wird die Ebene nach *rechts* gedreht, ergibt sich ein *positives* Vorzeichen (+).

BEACHTE Die Darstellung optisch aktiver Stoffe als L- oder D-Form macht keine Aussage über die jeweilige Drehrichtung (+) oder (–).

BEISPIEL Die beiden Formen der Milchsäure, die oben dargestellt sind, haben die Bezeichnung L(+)-Milchsäure (rechtsdrehende Milchsäure) und D(–)-Milchsäure (linksdrehende Milchsäure).

Optisch aktive Stoffe sind durch ihren *spezifischen Drehwinkel* $[\alpha]$ charakterisiert:

$$[\alpha]_\vartheta^D = \frac{\alpha}{\beta \cdot d}$$

ϑ: Temperatur der Messlösung
D: Wellenlänge des Natriumlichts (λ = 589 nm)
α: gemessener Drehwinkel (in Grad)
β: Konzentration der Lösung (in g/ml)
d: Länge der durchstrahlten Lösung (in dm)

Bei Gemischen gleicher Anteile von L-Form und D-Form heben sich die jeweiligen Drehwinkel auf: Das Gemisch ist optisch *inaktiv*. Solche Mischungen bezeichnet man als **Racemate** (lat. *racemus:* Traube). Die *Trauben*säure ist ein solches Gemisch aus rechts- und linksdrehender Weinsäure.

Anhang

8.1 Größen und Einheiten

Ausgewählte Größen und Einheiten

Größe	Definition	Einheit
Stoffmenge n		1 mol
molare Masse M	$M = m/n$	1 g/mol
molares Volumen V_m	$V_m = V/n$	1 l/mol
Stoffmengenkonzentration c	$c = n(S)/V$	1 mol/l
Massenkonzentration β	$\beta = m(S)/V$	1 g/l
Massenanteil w	$w = \dfrac{m(S)}{m(S) + m(L)}$	1 %

Naturkonstanten

Zahl, Konstante	Symbol	Betrag und Einheit
Avogadro-Konstante Loschmidt-Zahl	$N_A (N_L)$	$6{,}0221367 \cdot 10^{23}\,\text{mol}^{-1}$
Faraday-Konstante	F	$96\,487{,}0\,\text{C} \cdot \text{mol}^{-1}$
Planck-Konstante	h	$6{,}6256 \cdot 10^{-34}\,\text{Js}$
molares Volumen idealer Gase bei Normalbedingungen	$V_{m,\,n}$	$22{,}4141\,\text{l} \cdot \text{mol}^{-1}$
Rydberg-Konstante	R_H	$1{,}097 \cdot 10^{7}\,\text{m}^{-1}$
universelle Gaskonstante	R	$8{,}314510\,\text{J} \cdot \text{K}^{-1} \cdot \text{mol}^{-1}$

8.2 Gasgesetze

Der Zustand von idealen Gasen[1] und deren Reaktionen lassen sich durch einfache Gesetze beschreiben.

---

1 Ideale Gase sind Gase, deren Teilchen ein vernachlässigbares Volumen haben und die sich gegenseitig weder abstoßen noch anziehen.

Zustandsgleichungen

Zusammenhang zwischen Volumen V, Druck p und absoluter Temperatur T einer Gasportion:

$$\frac{p_1 \cdot V_1}{T_1} = \frac{p_2 \cdot V_2}{T_2} = \text{konstant}$$ *allgemeines Gasgesetz*

Für $T_1 = T_2 = $ konstant gilt:

$$p_1 \cdot V_1 = p_2 \cdot V_2 = \text{konstant}$$ *Gesetz von Boyle-Mariotte*

Für $p_1 = p_2 = $ konstant gilt:

$$\frac{V_1}{T_1} = \frac{V_2}{T_2} = \text{konstant}$$ *Gesetz von Gay-Lussac*

Für $V_1 = V_2 = $ konstant gilt:

$$\frac{p_1}{T_1} = \frac{p_2}{T_2} = \text{konstant}$$ *Gesetz von Amontons*

Volumengesetz von Gay-Lussac

Gase reagieren miteinander stets in Volumenverhältnissen kleiner ganzer Zahlen.

BEISPIEL   Wasserstoff und Sauerstoff reagieren im Volumenverhältnis 2 : 1.

2 l Wasserstoff   +   1 l Sauerstoff   →   2 l Wasserdampf

Satz von Avogadro

In einem bestimmten Gasvolumen sind bei gleichen Temperatur- und Druckbedingungen stets gleich viele Teilchen enthalten, unabhängig davon, um welches Gas es sich handelt.

BEISPIEL

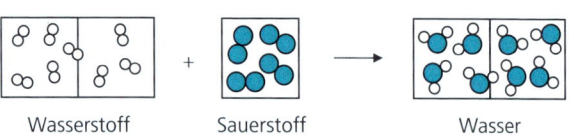

Wasserstoff   Sauerstoff   Wasser

Stichwortverzeichnis